Introduzione

"LA STRATEGIA È LA CAPACITÀ DI ADATTARE LE PROPRIE
AZIONI AI CAMBIAMENTI DEL MONDO, MANTENENDO
UNA VISIONE CHIARA DEL PROPRIO OBIETTIVO."
— Michael Porter

Cos'è la strategia e perché è cruciale

La strategia rappresenta l'architettura invisibile ma determinante che sottende alle grandi decisioni, siano esse individuali, collettive o sistemiche. Si configura come l'arte di pianificare e coordinare azioni complesse al fine di raggiungere obiettivi specifici, in un contesto in cui le variabili esterne e interne si intrecciano in maniera spesso imprevedibile. Nel suo senso più profondo, la strategia non è soltanto una disciplina pratica, ma un modo di pensare, un approccio analitico e creativo che permette di dominare il caos, trasformando incertezza e complessità in opportunità. Essa trova applicazione in ogni ambito dell'esperienza umana: dall'organizzazione della vita personale, alla gestione di dinamiche aziendali, fino alla risoluzione di conflitti geopolitici.

L'importanza della strategia risiede nella sua capacità di fornire una mappa mentale e operativa, necessaria per navigare in un mondo in continua evoluzione. La modernità ha moltiplicato le variabili con cui ogni decisione deve confrontarsi, rendendo obsoleti approcci puramente istintivi o reattivi. Il pensiero strategico, al contrario, si fonda su un processo sistematico di analisi e previsione, volto a identificare i percorsi ottimali per il conseguimento degli obiettivi. In un contesto sempre più globalizzato, interconnesso e soggetto a rapide trasformazioni tecnologiche e sociali, la strategia si impone come una competenza cruciale, capace di garantire non solo il successo, ma anche la sopravvivenza di individui, organizzazioni e sistemi.

La strategia, per essere efficace, deve tuttavia andare oltre la mera pianificazione. Non si tratta semplicemente di definire un insieme di passi per raggiungere una meta, bensì di sviluppare un quadro dinamico, capace di adattarsi a cambiamenti imprevisti e di anticipare scenari futuri. Questo richiede una visione olistica, in grado di integrare conoscenze interdisciplinari e di tener conto non solo degli obiettivi finali, ma anche delle interazioni tra i diversi elementi del sistema. La strategia, in questo senso, diventa un atto di equilibrio: da un lato, necessita di una comprensione dettagliata delle condizioni di partenza; dall'altro, implica la capacità di immaginare e costruire un futuro desiderato.

Comprendere la strategia significa anche riconoscerne la natura etica e politica. Ogni scelta strategica comporta implicazioni che si riflettono non solo sui risultati immediati, ma anche sugli attori coinvolti e sul contesto più ampio. La strategia è intrinsecamente relazionale: non opera mai in isolamento, ma in un ambiente popolato da interessi divergenti, vincoli strutturali e opportunità emergenti. Pertanto, una buona strategia deve essere non solo efficace, ma anche sostenibile e responsabile, capace di coniugare l'efficienza con l'equità e il progresso con la conservazione dei valori fondamentali.

Paolo Maria Lancia

Strategia totale
Dal pensiero strategico all'azione concreta

Sommario

In definitiva, la strategia è molto più di uno strumento di gestione o un processo decisionale. Essa rappresenta un approccio alla realtà che combina logica, immaginazione e pragmatismo. È il mezzo attraverso cui l'essere umano tenta di dare ordine al caos, di plasmare il proprio destino e di lasciare un'impronta duratura sul mondo. Per questa ragione, la strategia non è soltanto cruciale: è essenziale per chiunque aspiri a esercitare un ruolo attivo e trasformativo nella propria vita e nel contesto in cui opera.

Differenze tra strategia e tattica

La distinzione tra strategia e tattica costituisce uno dei fondamenti più rilevanti e complessi nell'ambito del pensiero organizzativo e decisionale. Sebbene i due termini vengano spesso utilizzati in maniera intercambiabile nel linguaggio comune, essi rappresentano concetti profondamente diversi, ciascuno con una funzione specifica nel perseguimento degli obiettivi. La loro comprensione e applicazione consapevole sono essenziali per costruire un approccio efficace in qualsiasi campo, dalla gestione aziendale alle operazioni militari, fino alle interazioni quotidiane.

La strategia si configura come l'arte di elaborare una visione a lungo termine, definendo obiettivi di vasta portata e identificando i percorsi generali per raggiungerli. Essa opera su un piano elevato, caratterizzato da un approccio sistemico e prospettico, che tiene conto non solo del contesto attuale, ma anche delle dinamiche evolutive e delle variabili future. La strategia si interessa primariamente del "cosa" e del "perché": cosa si vuole ottenere e perché determinate scelte risultano più idonee rispetto ad altre. Questo richiede un pensiero analitico e creativo, capace di sintetizzare informazioni complesse, anticipare scenari e integrare diversi livelli di conoscenza e competenze.

La tattica, d'altra parte, si concentra sull'implementazione delle azioni concrete necessarie per realizzare gli obiettivi strategici. Essa opera su un orizzonte temporale più ristretto, focalizzandosi sul "come" e sul "quando": come eseguire le operazioni per massimizzare l'efficacia e quando è opportuno agire per cogliere opportunità o neutralizzare minacce. La tattica è quindi strettamente legata alla dimensione operativa e richiede un'elevata capacità di adattamento, precisione e prontezza nel rispondere alle circostanze contingenti.

Un esempio emblematico per comprendere questa distinzione può essere tratto dall'ambito militare. La strategia consiste nel pianificare una campagna bellica, identificando gli obiettivi principali, le risorse necessarie e le priorità di intervento. La tattica, invece, riguarda la conduzione delle singole battaglie, l'organizzazione delle truppe sul campo e la scelta delle manovre specifiche per ottenere vantaggi immediati. Analogamente, in ambito aziendale, la strategia potrebbe consistere nell'espandere la presenza di un'azienda in un nuovo mercato, mentre la tattica coinvolge le azioni specifiche come il lancio di prodotti, le campagne pubblicitarie e la negoziazione con partner locali.

Un altro elemento distintivo tra strategia e tattica risiede nella prospettiva temporale e spaziale. La strategia abbraccia un arco temporale ampio, spesso anni o decenni, e considera l'intero sistema nel quale si opera, comprendendo le relazioni tra i vari elementi che lo compongono. La tattica, al contrario, si sviluppa su un orizzonte temporale breve e si focalizza su situazioni circoscritte, concentrandosi su dettagli e azioni immediate. Questa differenza si riflette anche nella tipologia di competenze richieste: la strategia richiede capacità di visione, analisi di contesto e immaginazione, mentre la tattica richiede destrezza operativa, prontezza decisionale e padronanza tecnica.

Nonostante queste differenze, strategia e tattica non sono entità separate o autonome, ma strettamente interdipendenti. Una strategia senza una tattica efficace rimane un'idea irrealizzabile, priva di concretezza e risultati.

Al contrario, una tattica priva di una strategia coerente rischia di disperdere energie e risorse in azioni frammentarie e inefficaci. In questo senso, la relazione tra strategia e tattica è analoga a quella tra mente e corpo: la prima offre la direzione e il senso, mentre la seconda garantisce l'esecuzione e il movimento. Solo attraverso una sinergia armoniosa tra i due livelli è possibile affrontare con successo le sfide complesse e dinamiche della realtà contemporanea.

Applicazioni della strategia nella vita e nel lavoro

La strategia si manifesta come una disciplina trasversale, capace di permeare ogni aspetto della vita umana e professionale. Non limitandosi a contesti specifici, essa fornisce un quadro concettuale e operativo per affrontare le complessità di un mondo interconnesso, dove le decisioni individuali e collettive si intrecciano in un sistema di relazioni dinamiche. Comprendere come la strategia possa essere applicata nella vita quotidiana e nel lavoro permette non solo di migliorare la qualità delle decisioni, ma anche di costruire percorsi esistenziali e professionali coerenti e orientati al successo.

Nella vita personale, la strategia si configura come lo strumento attraverso il quale si articolano le aspirazioni individuali in obiettivi raggiungibili, suddivisi in tappe intermedie. Pianificare una carriera, costruire relazioni significative o perseguire la crescita personale richiede un approccio strategico che integri la consapevolezza di sé con l'analisi del contesto esterno. Per esempio, la scelta di intraprendere un percorso di studi, investire in specifiche competenze o allocare risorse temporali e finanziarie in attività che favoriscano lo sviluppo personale implica una visione strategica, che sappia bilanciare le esigenze del presente con le prospettive future.

Inoltre, la strategia nella vita personale non si limita alla dimensione individuale, ma si estende alla gestione delle dinamiche relazionali. Costruire e mantenere legami significativi richiede una comprensione strategica delle esigenze reciproche, delle opportunità di collaborazione e delle modalità per superare eventuali conflitti. In questo senso, la strategia diventa uno strumento di connessione, capace di armonizzare gli interessi individuali con quelli collettivi, contribuendo alla creazione di comunità resilienti e sostenibili.

In ambito lavorativo, la strategia assume una valenza ancora più esplicita, poiché rappresenta il cuore del processo decisionale e del funzionamento delle organizzazioni. Ogni aspetto della gestione aziendale, dalla definizione della missione alla scelta delle operazioni quotidiane, è permeato dalla strategia. A livello macro, essa guida le imprese nella definizione delle loro priorità, nella selezione dei mercati in cui operare e nella determinazione delle risorse da allocare per raggiungere risultati ottimali. A livello micro, la strategia si traduce in decisioni operative che influenzano direttamente la produttività, l'innovazione e la capacità di adattarsi a un contesto in continua evoluzione.

Un'applicazione fondamentale della strategia nel lavoro è rappresentata dalla capacità di anticipare i cambiamenti e di prepararsi a fronteggiarli. In un mondo caratterizzato da incertezza e volatilità, le organizzazioni e gli individui che adottano un approccio strategico sono in grado di riconoscere segnali deboli, interpretare trend emergenti e trasformare minacce potenziali in opportunità concrete. Questo richiede un equilibrio tra lungimiranza e pragmatismo, dove la capacità di immaginare scenari futuri si combina con l'abilità di implementare azioni immediate e mirate.

Un altro aspetto cruciale dell'applicazione della strategia nel lavoro riguarda la leadership. I leader strategici non sono solo coloro che prendono decisioni, ma anche coloro che creano le condizioni per il successo di un'intera organizzazione. Essi utilizzano la strategia per ispirare e guidare i loro team, comunicando una visione chiara e fornendo gli strumenti necessari per tradurla in risultati concreti. Questa forma di leadership richiede non solo competenze tecniche e analitiche, ma anche una profonda comprensione delle dinamiche umane e relazionali, che consenta di motivare le persone e di valorizzare il loro contributo individuale all'interno di un progetto collettivo.

Infine, la strategia nella vita e nel lavoro non si limita a un insieme di regole statiche, ma si evolve continuamente in risposta alle sfide e alle opportunità che emergono. Essa richiede una mentalità aperta e un impegno costante nell'apprendimento e nell'innovazione. Solo attraverso un'applicazione flessibile e consapevole della strategia è possibile navigare con successo nella complessità del mondo contemporaneo, costruendo una vita personale e professionale allineata con le proprie aspirazioni più profonde e i valori che si desidera promuovere.

Come leggere questo libro

Leggere un libro dedicato alla strategia non è un esercizio puramente intellettuale, ma un viaggio che richiede concentrazione, riflessione e una predisposizione attiva all'apprendimento. Questo testo non è stato concepito come un manuale tecnico da consultare frettolosamente o come una lettura di svago da percorrere passivamente. Esso rappresenta piuttosto una guida strutturata per sviluppare una comprensione profonda e applicabile dei principi strategici in una varietà di contesti.

Per trarre il massimo beneficio da queste pagine, è importante adottare un approccio metodico. In primo luogo, si consiglia di leggere il libro in ordine sequenziale, seguendo la progressione logica dei capitoli. Ogni sezione è stata costruita per ampliare e approfondire i concetti introdotti in precedenza, offrendo una visione integrata della strategia e delle sue applicazioni. Procedere in maniera frammentaria rischia di compromettere la comprensione complessiva e di privare il lettore della coerenza narrativa e analitica che il testo intende fornire.

Un secondo elemento cruciale è rappresentato dalla necessità di soffermarsi sui concetti chiave e sulle riflessioni proposte. La strategia non è una scienza esatta, ma un'arte che richiede una continua elaborazione critica. Durante la lettura, il lettore è incoraggiato a interrogarsi su come i principi descritti possano essere applicati alle proprie esperienze personali e professionali. Ogni capitolo, pur trattando esempi e modelli astratti, offre spunti per sviluppare un pensiero strategico autonomo, che può e deve essere adattato alle specificità di ciascun contesto.

È altrettanto importante dedicare tempo alla revisione e al consolidamento. Una lettura superficiale rischia di ridurre il contenuto del libro a un semplice elenco di definizioni e tecniche, senza coglierne la profondità concettuale. Ritornare su capitoli particolarmente densi, prendere appunti e riformulare i concetti con parole proprie sono pratiche utili per trasformare le idee presentate in conoscenza effettiva.

Infine, questo libro non si limita a offrire strumenti teorici, ma propone un quadro interpretativo che può essere messo in pratica. Per ogni concetto descritto, il lettore è invitato a immaginare scenari concreti in cui applicare quanto appreso. Che si tratti di una decisione complessa sul lavoro, di una dinamica relazionale o di un obiettivo a lungo termine, la strategia trova la sua massima espressione nell'azione consapevole.

In sintesi, leggere questo libro richiede impegno e attitudine riflessiva. Non è solo un testo da studiare, ma un compagno di viaggio per chiunque desideri sviluppare una visione strategica della vita e del lavoro. Avvicinarsi ad esso con curiosità, pazienza e una volontà autentica di apprendimento significa fare un passo decisivo verso la comprensione e il dominio di una delle competenze più fondamentali dell'esistenza umana.

Parte I: Fondamenti della Strategia

"UNA STRATEGIA SENZA TATTICHE È IL CAMMINO PIÙ LENTO VERSO LA VITTORIA. LE TATTICHE SENZA STRATEGIA SONO IL RUMORE PRIMA DELLA SCONFITTA."
— Sun Tzu

La strategia, nelle sue molteplici declinazioni, costituisce una delle più antiche e sofisticate discipline dell'ingegno umano. Essa non è solo un metodo per raggiungere obiettivi specifici, ma un processo complesso che intreccia razionalità, intuizione e creatività, consentendo di navigare in un mondo caratterizzato da incertezza, competizione e risorse limitate. La strategia nasce dalla necessità di affrontare contesti in cui non esiste una soluzione unica o predeterminata, ma dove la capacità di analizzare, prevedere e adattarsi rappresenta la chiave per il successo.

La prima parte di questo libro è dedicata ai fondamenti della strategia, offrendo una visione strutturata delle sue origini, dei suoi principi essenziali e delle teorie che ne hanno plasmato l'evoluzione. Non si tratta di una semplice introduzione teorica, ma di un'esplorazione approfondita delle radici intellettuali e pratiche della strategia, concepita per fornire al lettore una base solida e articolata.

In questa sezione verranno affrontati temi che spaziano dalla definizione stessa della strategia alle sue relazioni con concetti affini, come la tattica e la pianificazione. Si analizzeranno i principi cardine che guidano l'elaborazione strategica, dalla valutazione del contesto alla definizione degli obiettivi, fino alla scelta delle modalità d'azione. Verrà esplorato il ruolo della complessità e dell'incertezza, elementi intrinseci a ogni processo strategico, e si discuterà come questi fattori possano essere affrontati attraverso un pensiero critico e sistemico.

Un aspetto cruciale di questa parte introduttiva sarà la riflessione sulla dimensione etica della strategia. Ogni decisione strategica, infatti, non è mai neutrale, ma comporta implicazioni morali che incidono sulle persone, sulle organizzazioni e sulla società nel suo complesso. La strategia non può essere considerata un semplice strumento tecnico, bensì un atto consapevole che riflette valori, priorità e visioni del mondo.

Attraverso questa esplorazione dei fondamenti, il lettore avrà modo di comprendere che la strategia non è un sapere statico, bensì una pratica dinamica, in continua evoluzione. Le teorie e i modelli presentati in questa parte rappresentano una guida per orientarsi, ma non possono sostituire il giudizio e la creatività che ogni situazione richiede. In un mondo sempre più complesso e interconnesso, il pensiero strategico deve sapersi adattare, rimanendo fedele ai principi universali ma declinandoli in modi innovativi e specifici per ogni contesto.

Concludendo, i capitoli che seguono gettano le basi per un viaggio più articolato nel cuore della strategia. Essi offrono al lettore non solo conoscenze teoriche, ma anche strumenti intellettuali per sviluppare una consapevolezza strategica capace di affrontare le sfide contemporanee con competenza e determinazione.

I principi della strategia

Visione a lungo termine e definizione degli obiettivi

Alla base di ogni processo strategico risiede un principio fondamentale: la capacità di articolare una visione a lungo termine. La strategia, infatti, non si esaurisce nella gestione immediata delle contingenze, ma si proietta oltre il presente, abbracciando orizzonti temporali estesi e talvolta indefiniti. Tale visione costituisce il fondamento su cui si erge l'intero edificio strategico, guidando le scelte, orientando le risorse e coordinando le azioni verso un fine comune.

La visione a lungo termine, tuttavia, non deve essere confusa con un semplice desiderio o una vaga aspirazione. Essa rappresenta un'immagine concreta e definita di ciò che si intende realizzare, un traguardo che, pur essendo distante, deve essere percepito come raggiungibile. Per questo motivo, la visione deve essere ambiziosa ma realistica, ispiratrice ma fondata su un'attenta analisi delle possibilità effettive. La capacità di immaginare il futuro desiderato è il primo passo per trasformarlo in realtà, ma richiede uno sforzo di immaginazione disciplinata, che integri creatività e razionalità.

Accanto alla visione, emerge l'importanza della definizione degli obiettivi. Gli obiettivi rappresentano le pietre miliari lungo il percorso strategico, specificando con chiarezza ciò che deve essere raggiunto per realizzare la visione complessiva. Essi costituiscono la traduzione operativa della visione, articolandola in traguardi concreti e misurabili. La qualità degli obiettivi strategici determina in larga misura il successo o il fallimento di una strategia, poiché essi forniscono il punto di riferimento per valutare l'efficacia delle azioni intraprese.

Un obiettivo strategico, per essere tale, deve possedere alcune caratteristiche essenziali. Deve essere chiaro e comprensibile, in modo da fornire una guida precisa a tutti i soggetti coinvolti. Deve essere specifico, evitando formulazioni generiche che possano generare confusione o ambiguità. Deve essere misurabile, per consentire un monitoraggio costante dei progressi e un'eventuale correzione del corso d'azione. Deve essere realistico, tenendo conto delle risorse disponibili e dei vincoli del contesto. Infine, deve essere temporalmente definito, stabilendo scadenze precise entro cui il risultato deve essere raggiunto.

La relazione tra visione e obiettivi non è meramente sequenziale, ma circolare. La visione fornisce il quadro complessivo entro cui vengono definiti gli obiettivi, ma questi ultimi, a loro volta, contribuiscono a concretizzare e specificare la visione. Una strategia efficace richiede un continuo dialogo tra i due livelli, in modo da garantire coerenza e flessibilità.

Nella pratica, la capacità di sviluppare una visione a lungo termine e di definire obiettivi chiari richiede una combinazione di analisi e intuizione. Da un lato, è necessario un approccio analitico, che consideri i dati disponibili, le tendenze emergenti e le dinamiche del contesto. Dall'altro, è indispensabile un approccio intuitivo, che sappia cogliere opportunità nascoste, immaginare scenari innovativi e anticipare le trasformazioni future. Solo integrando questi due approcci è possibile costruire una strategia solida e lungimirante.

Infine, è importante sottolineare che visione e obiettivi non devono essere statici, ma dinamici. Essi devono evolvere in risposta ai cambiamenti del contesto, ai progressi compiuti e alle nuove informazioni disponibili. Una visione strategica efficace non è mai rigidamente ancorata al passato, ma si rinnova continuamente, rimanendo fedele ai suoi principi fondamentali ma adattandosi alle esigenze del presente e alle opportunità del futuro.

Coerenza, flessibilità e capacità di adattamento

La strategia, nella sua essenza, è un equilibrio sottile tra la coerenza dei principi e la flessibilità delle azioni. Questo equilibrio è indispensabile per affrontare la complessità e l'incertezza che caratterizzano il mondo moderno. La coerenza garantisce una direzione chiara e un senso di continuità, mentre la flessibilità consente di rispondere efficacemente ai cambiamenti e di cogliere opportunità inaspettate. Insieme, questi elementi definiscono la capacità di adattamento, ovvero la competenza cruciale per navigare con successo attraverso contesti dinamici e imprevedibili.

La coerenza è il principio che assicura che ogni decisione e azione intrapresa sia allineata con la visione strategica e gli obiettivi definiti. Essa richiede una chiara gerarchia di priorità e un impegno costante nel rispettare i valori e le linee guida stabilite. La coerenza non si limita a preservare l'integrità della strategia, ma svolge anche una funzione comunicativa: rende le scelte comprensibili e prevedibili per tutte le parti coinvolte, creando fiducia e consolidando l'identità del progetto o dell'organizzazione. Tuttavia, la coerenza non deve mai degenerare in rigidità, pena l'incapacità di affrontare situazioni che richiedono una riconsiderazione dei piani originari.

La flessibilità, infatti, è l'altra faccia della medaglia. Essa rappresenta la capacità di modificare le proprie azioni e strategie in risposta a nuovi dati, situazioni o prospettive. La flessibilità non implica una rinuncia alla coerenza, ma richiede un approccio dinamico che sappia bilanciare fedeltà agli obiettivi e apertura al cambiamento. È attraverso la flessibilità che la strategia diventa resiliente, ovvero in grado di adattarsi senza perdere di vista la propria direzione generale.

La capacità di adattamento emerge come la sintesi tra coerenza e flessibilità. Adattarsi non significa improvvisare, né agire senza una direzione chiara. Al contrario, l'adattamento strategico è il risultato di un pensiero riflessivo e proattivo, che interpreta i cambiamenti come opportunità piuttosto che come minacce. Questa capacità si fonda su un monitoraggio costante del contesto, un'attitudine all'apprendimento continuo e la prontezza a rivedere ipotesi e priorità alla luce di nuove evidenze.

Un aspetto fondamentale dell'adattamento è la capacità di distinguere tra ciò che è essenziale e ciò che è contingente. In ogni strategia esistono principi e obiettivi che devono rimanere invariabili, costituendo il nucleo centrale del progetto, e aspetti che possono essere modificati per rispondere a specifiche circostanze. La saggezza strategica consiste nel sapere quando e come apportare modifiche senza compromettere l'essenza della strategia stessa.

Nel contesto operativo, coerenza, flessibilità e capacità di adattamento si manifestano in modi diversi. In ambito militare, ad esempio, una strategia efficace richiede piani rigorosi, ma anche la prontezza a modificarli in base alle manovre del nemico o alle condizioni del campo di battaglia. In ambito aziendale, la coerenza può riguardare l'identità e la missione dell'organizzazione, mentre la flessibilità si esprime nella capacità di rispondere rapidamente alle trasformazioni del mercato o alle innovazioni tecnologiche. Nelle relazioni interpersonali, invece, la coerenza costruisce fiducia e credibilità, ma è la flessibilità che consente di gestire i conflitti e di costruire intese durature.

In definitiva, coerenza, flessibilità e capacità di adattamento non sono principi opposti, ma componenti interdipendenti di una strategia efficace. Solo attraverso un'interazione armoniosa tra questi elementi è possibile affrontare con successo le sfide poste da un mondo in continua evoluzione, mantenendo al contempo integrità e capacità di innovazione.

Pensiero strategico

Come sviluppare una visione ampia e analitica

Il pensiero strategico è la capacità di affrontare problemi complessi attraverso un approccio sistematico, integrando visione a lungo termine e attenzione ai dettagli. È un'abilità che si fonda su una combinazione di intuizione, analisi e creatività, indispensabile per navigare un mondo caratterizzato da incertezza e continua evoluzione. Lo sviluppo di un pensiero strategico richiede impegno e disciplina, ma può essere coltivato attraverso una serie di pratiche e atteggiamenti che ampliano l'orizzonte mentale e affinano il giudizio.

Il primo passo per sviluppare una visione strategica ampia è adottare una prospettiva globale. Questo implica la capacità di guardare oltre il proprio campo immediato di esperienza e considerare il contesto più ampio in cui si opera. Una visione ampia non è una semplice somma di dettagli, ma una comprensione sintetica delle forze che modellano il sistema nel suo insieme. Per raggiungere questo livello di consapevolezza, è essenziale mantenere una mente aperta, pronta a esplorare nuove idee e punti di vista, e alimentare una curiosità intellettuale che spinga a indagare cause, effetti e connessioni.

L'analisi, d'altro canto, rappresenta il complemento fondamentale alla visione ampia. Essa richiede un'attenzione meticolosa ai dati e ai dettagli, nonché la capacità di scomporre problemi complessi in componenti gestibili. Un pensiero analitico efficace si basa su strumenti metodologici rigorosi, che consentano di valutare informazioni, identificare modelli e distinguere tra segnali significativi e rumore di fondo. Tuttavia, l'analisi non deve mai essere fine a se stessa: il suo scopo è fornire una base solida per la sintesi e la decisione strategica.

La combinazione di ampiezza e analisi è ciò che rende il pensiero strategico unico rispetto ad altre forme di pensiero. Essa consente di affrontare problemi complessi da molteplici angolazioni, evitando soluzioni semplicistiche o unilaterali. Un pensatore strategico deve essere in grado di navigare tra il macro e il micro, cogliendo le implicazioni più ampie delle scelte senza trascurare le specificità che ne determinano l'esecuzione.

Un ulteriore elemento chiave del pensiero strategico è la capacità di anticipare il cambiamento. Questo richiede non solo una comprensione profonda del contesto attuale, ma anche la capacità di immaginare scenari futuri, valutandone le probabilità e le conseguenze. L'anticipazione non è una semplice previsione, ma un esercizio di esplorazione che consente di prepararsi a diverse possibilità e di rimanere pronti ad adattarsi rapidamente alle nuove circostanze.

La riflessione critica gioca un ruolo cruciale nello sviluppo del pensiero strategico. Essa implica il coraggio di mettere in discussione le proprie ipotesi, riconoscere i propri bias e affrontare in modo obiettivo i limiti delle proprie conoscenze. Il pensiero strategico non può essere dogmatico, ma deve rimanere flessibile e aperto all'apprendimento continuo. Questo atteggiamento critico è ciò che permette di trasformare gli errori in opportunità di crescita e di affinare continuamente le proprie capacità.

Infine, lo sviluppo di una visione ampia e analitica richiede un impegno costante nella pratica del pensiero strategico. Questo può includere la lettura di testi stimolanti, la partecipazione a discussioni profonde, l'analisi di casi reali e l'osservazione di leader e situazioni strategiche in diversi contesti. La strategia è un'arte che si perfeziona con l'esperienza e il tempo, ma che trova le sue fondamenta in un approccio rigoroso e intenzionale al pensiero.

In un mondo sempre più complesso, la capacità di pensare strategicamente rappresenta non solo un vantaggio competitivo, ma anche una necessità per chiunque desideri navigare con successo le sfide del presente e costruire un futuro sostenibile e prospero. Attraverso una visione ampia e analitica, il pensiero strategico offre gli strumenti per comprendere il caos, trasformare l'incertezza in opportunità e guidare il cambiamento con consapevolezza e determinazione.

L'importanza dell'intuizione nella strategia

L'intuizione rappresenta un elemento cruciale nella formulazione e nell'esecuzione della strategia, nonostante la sua natura elusiva e difficilmente quantificabile. In un campo dominato da analisi rigorose, pianificazione dettagliata e logica razionale, l'intuizione potrebbe apparire come un elemento secondario o persino irrilevante. Tuttavia, essa svolge un ruolo indispensabile, in particolare quando si tratta di affrontare situazioni di elevata complessità, incertezza e rapidità decisionale.

L'intuizione strategica si manifesta come la capacità di cogliere rapidamente l'essenza di una situazione senza passare attraverso processi analitici espliciti. È un lampo di comprensione che spesso si basa su una profonda esperienza e una conoscenza implicita, accumulata nel tempo e spesso difficile da articolare in termini formali. Questa forma di conoscenza tacita consente ai leader strategici di individuare opportunità nascoste, anticipare le mosse degli avversari o identificare soluzioni innovative quando i metodi tradizionali sembrano inadeguati.

L'importanza dell'intuizione nella strategia emerge in modo particolarmente evidente in contesti caratterizzati da incertezza e incompletezza delle informazioni. In tali situazioni, l'analisi razionale può essere ostacolata dalla mancanza di dati affidabili o dall'impossibilità di prevedere con precisione gli esiti delle diverse opzioni. È qui che l'intuizione offre un vantaggio decisivo, permettendo di operare scelte rapide e, spesso, efficaci basate su connessioni inconsce tra elementi apparentemente disgiunti.

Ciò non significa che l'intuizione debba sostituirsi alla razionalità, ma piuttosto che i due approcci devono essere integrati. L'intuizione, se ben guidata, può essere uno strumento potente per orientare l'analisi e ridurre il campo delle opzioni da considerare, rendendo il processo decisionale più efficiente. Allo stesso tempo, l'analisi razionale può servire a verificare e rafforzare le intuizioni, garantendo che esse siano fondate su basi solide e non su percezioni errate o pregiudizi inconsci.

L'intuizione non è un dono innato riservato a pochi, ma una capacità che può essere coltivata attraverso l'esperienza, l'osservazione e l'apprendimento. Esponendosi a un ampio ventaglio di situazioni strategiche e riflettendo sulle decisioni prese, è possibile affinare il proprio intuito e sviluppare una maggiore sensibilità per i segnali deboli che anticipano cambiamenti significativi. La pratica deliberata, unita a una costante curiosità intellettuale, rappresenta il percorso più efficace per trasformare l'intuizione in un vantaggio competitivo.

Tuttavia, è importante riconoscere i limiti dell'intuizione. Essa può essere influenzata da bias cognitivi, pregiudizi culturali o esperienze passate mal interpretate. Un'intuizione non verificata rischia di condurre a decisioni affrettate o a errori significativi. Per questo motivo, l'intuizione deve sempre essere affiancata da un atteggiamento critico e una disponibilità a metterla alla prova mediante il confronto con dati e prospettive alternative.

Nella pratica strategica, l'intuizione si manifesta in diversi modi: nel riconoscimento immediato di uno schema ricorrente, nella capacità di anticipare reazioni o conseguenze di una scelta, o nell'individuazione di soluzioni non convenzionali a problemi complessi. Essa può guidare la definizione di una visione innovativa, orientare la pianificazione tattica o fornire risposte rapide in situazioni di crisi.

In definitiva, l'intuizione non è una componente opzionale della strategia, ma un elemento essenziale per affrontare le sfide del mondo moderno. In un'epoca in cui i dati abbondano ma la certezza scarseggia, la capacità di integrare intuizione e razionalità rappresenta il segreto del successo strategico. È attraverso questa sinergia che i leader possono navigare con sicurezza l'incertezza, trasformando complessità e ambiguità in opportunità per creare valore e guidare il cambiamento.

Strumenti di analisi strategica

SWOT: punti di forza, debolezze, opportunità e minacce

L'analisi SWOT (Strengths, Weaknesses, Opportunities, Threats) è uno degli strumenti più utilizzati nella strategia aziendale e nella pianificazione strategica. Esso rappresenta una tecnica metodologica fondamentale per analizzare i fattori interni ed esterni che influenzano la performance di un'organizzazione, un progetto o una strategia. L'approccio SWOT consente di fornire una visione chiara e complessiva della posizione attuale, oltre a identificare le aree su cui concentrarsi per migliorare, evolvere e rispondere in modo efficace alle sfide che si presentano.

Il primo quadrante dell'analisi SWOT riguarda i **punti di forza** (Strengths). Questi rappresentano le risorse, le capacità, le competenze o gli asset che conferiscono un vantaggio competitivo all'organizzazione o all'individuo. Possono includere fattori quali un marchio forte, tecnologie proprietarie, una posizione di mercato consolidata, l'esperienza del team di gestione, o una cultura aziendale particolarmente innovativa. Comprendere i propri punti di forza è fondamentale per sviluppare strategie che sfruttino al meglio queste risorse, massimizzandone l'efficacia e creando un valore duraturo. Tuttavia, è altrettanto importante riconoscere che i punti di forza possono evolversi nel tempo, diventando vulnerabilità se non costantemente aggiornati o adattati alle nuove dinamiche di mercato.

Il secondo quadrante riguarda le **debolezze** (Weaknesses), ovvero le aree in cui l'organizzazione presenta carenze o limitazioni rispetto ai concorrenti o alle proprie ambizioni strategiche. Le debolezze possono manifestarsi sotto forma di scarsa capacità di innovazione, dipendenza da un numero ristretto di clienti o fornitori, una struttura organizzativa rigida o una reputazione compromessa. Identificare e affrontare le debolezze è cruciale per evitare che esse diventino ostacoli insormontabili per la crescita. Tuttavia, le debolezze non devono essere viste esclusivamente in termini negativi, ma come aree in cui è possibile intervenire per trasformare una carenza in un punto di forza. Ad esempio, un'organizzazione che soffre di una bassa capacità di innovazione può colmare questa lacuna investendo in ricerca e sviluppo o rivedendo i propri processi di gestione dell'innovazione.

Il terzo quadrante si concentra sulle **opportunità** (Opportunities), che rappresentano le condizioni o i fattori esterni che possono essere sfruttati per favorire la crescita, il miglioramento delle performance o l'espansione del mercato. Le opportunità possono emergere da diversi ambiti, come evoluzioni tecnologiche, cambiamenti normativi favorevoli, tendenze di consumo, alleanze strategiche, o modifiche nel comportamento dei concorrenti. L'identificazione tempestiva di queste opportunità è cruciale, poiché consente di orientare le risorse aziendali verso obiettivi che sono in linea con le tendenze emergenti, assicurando una posizione competitiva più forte. Inoltre, le opportunità possono offrire un'importante leva per modificare la strategia in modo agile, adattandosi a circostanze mutevoli e massimizzando il potenziale di crescita.

Infine, il quadrante delle **minacce** (Threats) riguarda i fattori esterni che rappresentano un rischio per l'organizzazione o per il progetto. Le minacce possono essere di natura economica, sociale, politica, tecnologica o competitiva, e includono fenomeni come recessioni economiche, cambiamenti normativi sfavorevoli, l'ingresso di nuovi concorrenti nel mercato, o innovazioni tecnologiche che possono rendere obsoleti i prodotti o i servizi offerti. La consapevolezza delle minacce consente di adottare misure preventive e correttive, mitigando il rischio che esse compromettono l'efficacia della strategia. Il confronto tra minacce e punti di forza è spesso uno degli aspetti più critici nell'analisi SWOT, poiché permette di identificare in che modo le risorse esistenti possano essere utilizzate per contrastare le minacce o minimizzarne gli effetti.

L'analisi SWOT non è solo un esercizio diagnostico, ma una base fondamentale per la costruzione di strategie proattive. Una volta completata l'analisi dei punti di forza, delle debolezze, delle opportunità e delle minacce, si può procedere con la formulazione di azioni strategiche mirate. Per esempio, un'organizzazione che dispone di punti di forza significativi (come un marchio forte) e opportunità di mercato favorevoli, può concentrarsi sull'espansione del proprio mercato, sfruttando al massimo le risorse disponibili. Allo stesso modo, le debolezze possono essere affrontate attraverso il miglioramento dei processi interni o acquisizioni che consentano di colmare le lacune, mentre le minacce vanno monitorate costantemente per sviluppare strategie di difesa o di diversificazione.

Un aspetto fondamentale dell'analisi SWOT è la sua dinamicità. Le condizioni del mercato e le circostanze interne cambiano continuamente, e quindi è necessario aggiornare regolarmente l'analisi per garantire che le decisioni strategiche siano sempre rilevanti. Inoltre, un'analisi SWOT efficace richiede un processo di riflessione critica e di coinvolgimento da parte di tutte le parti interessate, poiché la consapevolezza condivisa di punti di forza, debolezze, opportunità e minacce è fondamentale per l'allineamento delle azioni strategiche.

In sintesi, l'analisi SWOT è uno strumento essenziale per comprendere le dinamiche interne ed esterne che influenzano la strategia, e consente di costruire un quadro completo e realistico delle condizioni in cui un'organizzazione opera. Con l'utilizzo appropriato di questa tecnica, è possibile prendere decisioni strategiche informate, che possano garantire non solo la sopravvivenza in un contesto competitivo, ma anche la prosperità a lungo termine.

PESTEL: analisi dei fattori esterni (Politico, Economico, Sociale, Tecnologico, Ambientale, Legale)

L'analisi PESTEL è uno degli strumenti più utilizzati per esaminare i fattori esterni che influenzano un'organizzazione, un settore o un progetto. Il termine PESTEL è un acronimo che rappresenta i sei principali settori che possono condizionare l'ambiente operativo: **Politico**, **Economico**, **Sociale**, **Tecnologico**, **Ambientale** e **Legale**. Questa metodologia aiuta a comprendere i fattori macroeconomici e sociali che possono avere un impatto significativo su strategie a lungo termine, piani aziendali e decisioni operative.

Fattori Politici

Il contesto politico in cui un'organizzazione opera è uno dei principali determinanti per la formulazione della strategia. Gli sviluppi politici, come le elezioni, i cambiamenti nei governi, le politiche pubbliche, le normative fiscali o le relazioni internazionali, possono influenzare direttamente le operazioni aziendali. Ad esempio, l'instabilità politica o i cambiamenti nelle politiche fiscali possono comportare incertezze economiche, modificare il livello di tassazione o alterare le politiche di investimento estero. La gestione di rischi politici e la comprensione delle politiche governative sono pertanto essenziali per anticipare eventuali problemi o opportunità derivanti da modifiche politiche.

Le politiche di sostegno agli imprenditori, le regolamentazioni sul commercio internazionale, le decisioni governative in merito a politiche ambientali e sanitarie, o la stabilità di un regime politico sono tutti fattori che possono avere effetti duraturi sulle dinamiche competitive e sulle scelte strategiche.

Fattori Economici

I fattori economici riguardano gli aspetti relativi all'economia generale che possono influenzare la domanda di beni e servizi, la crescita del mercato, l'accesso al credito e la competitività di un settore. Tra i fattori economici, si includono variabili come il tasso di crescita del PIL, il tasso di disoccupazione, l'inflazione, i tassi di interesse, i cambiamenti nei livelli di reddito, e le fluttuazioni dei mercati finanziari.

Un contesto economico favorevole, ad esempio, può stimolare la domanda e la crescita del mercato, mentre una recessione economica o un aumento significativo dei tassi di interesse potrebbe innescare una riduzione dei consumi e una contrazione degli investimenti. Le politiche monetarie e fiscali adottate da una nazione influiscono anche sulla stabilità finanziaria e sulle strategie aziendali, facendo della comprensione degli indicatori economici un elemento indispensabile per la previsione e la pianificazione.

Fattori Sociali

I fattori sociali si riferiscono alle caratteristiche demografiche, culturali e comportamentali della società che influenzano la domanda di prodotti e servizi, nonché le modalità in cui un'organizzazione si relaziona con il pubblico e i propri dipendenti. Tra gli aspetti rilevanti rientrano il cambiamento nei valori e nelle preferenze dei consumatori, l'evoluzione della struttura demografica (ad esempio, l'invecchiamento della popolazione o i cambiamenti nelle preferenze dei consumatori giovani), e le questioni relative alla diversità culturale e sociale.

Le organizzazioni devono essere sensibili ai mutamenti nei bisogni, nei desideri e nelle aspettative della società. Un cambiamento nelle preferenze sociali verso la sostenibilità, ad esempio, può costringere un'azienda a rivedere i propri prodotti o processi produttivi. Inoltre, le tendenze sociali legate alla salute, all'istruzione e ai diritti civili possono creare opportunità per innovare o per espandersi in mercati nuovi, mentre anche le aspettative etiche e morali dei consumatori stanno diventando sempre più determinanti nelle scelte aziendali.

Fattori Tecnologici

I fattori tecnologici riguardano gli sviluppi e le innovazioni nei settori scientifico e tecnologico che possono avere un impatto diretto sul funzionamento e sulle opportunità di crescita di un'organizzazione. L'avanzamento delle tecnologie digitali, l'automazione, l'intelligenza artificiale, la blockchain, le biotecnologie e la nanotecnologia sono solo alcuni degli ambiti che stanno plasmando il panorama competitivo in modo sempre più incisivo.

La capacità di un'organizzazione di adattarsi ai cambiamenti tecnologici e di sfruttare le nuove tecnologie rappresenta un fattore cruciale per il successo. Le imprese che investono in ricerca e sviluppo (R&D) e nell'adozione di nuove tecnologie possono ottenere un vantaggio competitivo significativo, mentre quelle che restano indietro rischiano di perdere terreno rispetto ai concorrenti. L'innovazione tecnologica, pertanto, non solo determina la creazione di nuovi prodotti e servizi, ma può anche ottimizzare l'efficienza operativa e modificare le dinamiche di mercato.

Fattori Ambientali

I fattori ambientali si riferiscono agli aspetti legati alla sostenibilità ecologica e ai cambiamenti climatici che possono influenzare le operazioni aziendali. Le preoccupazioni globali per l'ambiente hanno indotto governi, consumatori e investitori a riconsiderare le politiche e i comportamenti aziendali. La crescente attenzione alla gestione delle risorse naturali, la riduzione delle emissioni di carbonio, l'uso responsabile dell'acqua e dell'energia, e la gestione dei rifiuti sono tutte questioni che hanno un impatto sulle scelte strategiche.

Ad esempio, la crescente pressione normativa sul rispetto delle leggi ambientali obbliga le imprese a conformarsi a standard più elevati riguardo all'efficienza energetica e alla sostenibilità. Le aziende che adottano pratiche verdi possono godere di vantaggi reputazionali, riducendo al contempo i rischi legati a potenziali danni ambientali. Al contrario, quelle che non si adattano rischiano sanzioni, danni alla reputazione e perdite finanziarie.

Fattori Legali

Infine, i fattori legali riguardano l'insieme delle leggi e delle normative che regolano l'attività di un'impresa e che possono influire su ogni aspetto della sua operatività. La legislazione in materia di proprietà intellettuale, diritto del lavoro, privacy, concorrenza e protezione dei consumatori può condizionare in modo significativo le modalità con cui un'organizzazione opera nel mercato.

L'ambiente legale in continuo cambiamento richiede che le organizzazioni si adattino tempestivamente alle nuove normative, spesso a livello locale e internazionale. Il rispetto delle normative legali e il continuo monitoraggio delle leggi in evoluzione sono fondamentali per evitare conflitti legali, danni alla reputazione o sanzioni che potrebbero compromettere la capacità di operare o di crescere. In particolare, l'evoluzione delle normative su temi come la privacy dei dati (come il GDPR) sta trasformando i modelli di business di numerose industrie, richiedendo un adeguamento strategico per garantire la conformità.

L'analisi PESTEL è uno strumento estremamente potente per comprendere il contesto macroeconomico e le forze esterne che influenzano le strategie aziendali. Sebbene i fattori interni, come la competenza aziendale e l'innovazione, rimangano cruciali, è altrettanto importante monitorare i fattori esterni e adattarsi ad essi in modo proattivo. Le organizzazioni che comprendono profondamente i cambiamenti e le dinamiche nei settori politico, economico, sociale, tecnologico, ambientale e legale sono meglio posizionate per sviluppare strategie che le aiutino a rispondere con successo alle sfide e ad approfittare delle opportunità emergenti.

Il ruolo della pianificazione strategica

Fissare priorità e allocare risorse

La pianificazione strategica è un processo fondamentale per orientare l'azione di un'organizzazione, definendo gli obiettivi a lungo termine e le azioni necessarie per raggiungerli. Si tratta di una riflessione approfondita e analitica che permette di comprendere dove l'organizzazione vuole arrivare e, soprattutto, come arrivarci. La pianificazione strategica non è solo un momento isolato nel tempo, ma un'attività continua che richiede attenzione, flessibilità e la capacità di adattarsi ai cambiamenti.

La fissazione delle priorità è un passo cruciale nella pianificazione strategica. In un contesto di risorse limitate, l'organizzazione deve essere in grado di identificare quali sono gli obiettivi più urgenti e rilevanti, quelli che forniscono il maggiore ritorno sugli investimenti in termini di risorse e sforzi. La definizione delle priorità implica un'attenta valutazione delle circostanze interne ed esterne, nonché una comprensione delle opportunità che il mercato o il contesto offrono. La capacità di fare scelte consapevoli su dove concentrare le risorse è essenziale per non disperdere energie in iniziative che non contribuiscono direttamente al raggiungimento degli obiettivi strategici.

Una volta definite le priorità, la pianificazione strategica si concentra sulla allocazione delle risorse. Le risorse, in un contesto aziendale, comprendono non solo il capitale finanziario, ma anche il capitale umano, tecnologico, il tempo e l'energia. Allocare le risorse in modo efficace significa distribuire questi beni in funzione delle priorità strategiche, garantendo che siano impiegati nei settori e nelle attività che avranno il maggiore impatto sul successo dell'organizzazione. Questo processo implica decisioni difficili e la capacità di riconoscere quando è necessario investire in nuove iniziative o quando è più opportuno rafforzare e ottimizzare quelli già esistenti.

La pianificazione strategica, pertanto, non si limita a una semplice distribuzione di risorse: essa è un atto deliberato e ponderato che guida l'organizzazione verso la realizzazione della sua visione a lungo termine. Una pianificazione strategica efficace implica un continuo processo di monitoraggio, adattamento e miglioramento, in risposta sia a cambiamenti interni che esterni, che possa garantire che le priorità siano sempre in linea con le esigenze emergenti del contesto e che le risorse siano utilizzate nel modo più produttivo possibile.

Anticipare i cambiamenti e i rischi

Anticipare i cambiamenti e i rischi è una competenza strategica essenziale per qualsiasi organizzazione che desideri non solo sopravvivere, ma prosperare in un ambiente complesso e in continua evoluzione. Le dinamiche di mercato, i cambiamenti sociali e tecnologici, le instabilità politiche o i mutamenti nei comportamenti dei consumatori possono alterare radicalmente le condizioni competitive e determinare il successo o il fallimento di un'impresa. L'abilità di prevedere e adattarsi a tali trasformazioni, prima che esse si manifestino in modo evidente, è ciò che distingue le organizzazioni strategicamente robuste da quelle vulnerabili.

La capacità di anticipare i cambiamenti richiede una comprensione profonda delle tendenze a lungo termine e dei segnali deboli, quei cambiamenti iniziali che potrebbero sembrare irrilevanti ma che, se osservati e interpretati correttamente, offrono importanti indicazioni sulla direzione futura. In questo contesto, l'osservazione delle forze esterne attraverso strumenti come l'analisi PESTEL, così come l'analisi delle dinamiche interne, consente alle organizzazioni di individuare i potenziali fattori di discontinuità. Tuttavia, non è sufficiente guardare solo ai segnali evidenti; spesso, i veri cambiamenti sono accompagnati da piccole modifiche che non sempre catturano immediatamente l'attenzione, ma che, se comprese, possono suggerire azioni da intraprendere in anticipo.

Inoltre, anticipare i rischi implica una gestione proattiva della incertezza. Ogni organizzazione è soggetta a una molteplicità di rischi, che spaziano da quelli economici a quelli reputazionali, da quelli legali a quelli tecnologici. Gestire il rischio non significa solo cercare di evitarlo, ma anche comprendere la sua natura, valutarne l'impatto potenziale e prepararsi a mitigarlo attraverso strategie di prevenzione e di risposta. La previsione dei rischi deve essere una componente centrale della pianificazione strategica, e ciò implica l'adozione di pratiche di gestione del rischio che permettano di non farsi cogliere impreparati di fronte a eventi imprevisti.

Anticipare i cambiamenti e i rischi è quindi un processo che non si esaurisce nell'identificazione di potenziali minacce o opportunità, ma che implica anche l'adozione di comportamenti adattivi. Le organizzazioni che riescono a rispondere in modo tempestivo ed efficace ai cambiamenti e ai rischi possono trarre vantaggio dalle incertezze del mercato, trasformando ciò che inizialmente potrebbe sembrare un ostacolo in una leva competitiva. Questa capacità di anticipazione deve essere integrata in una cultura organizzativa che favorisce la preparazione, l'analisi e l'agilità decisionale, consentendo all'organizzazione di rispondere in modo adeguato e mirato a situazioni in continua evoluzione.

In sintesi, anticipare i cambiamenti e i rischi è una componente fondamentale della strategia, poiché consente alle organizzazioni di non solo reagire agli eventi quando questi si verificano, ma anche di orientarsi in anticipo verso opportunità e sfide future. La strategia, quindi, non può essere un'attività passiva o reattiva, ma deve essere improntata a un costante monitoraggio e a una preparazione dinamica che permetta di affrontare con successo l'incertezza e l'imprevedibilità del contesto in cui opera.

Parte II: Applicazioni della Strategia

"LA GUERRA È LA CONTINUAZIONE DELLA POLITICA CON ALTRI MEZZI."
— Carl von Clausewitz

La strategia non si limita a rimanere un concetto teorico o astratto, ma trova la sua vera essenza nelle sue applicazioni pratiche. La sua forza risiede nella capacità di essere adattata e implementata in vari contesti, ognuno dei quali presenta le proprie sfide, opportunità e dinamiche uniche. In questa seconda parte del libro, esploreremo come la strategia può essere applicata in ambiti concreti come il business, la politica, le relazioni interpersonali e altri settori che richiedono un pensiero strategico per ottenere risultati significativi. Ogni applicazione della strategia è il frutto di un processo che integra teoria, analisi e adattamento alle specifiche circostanze, e ciascuna di esse offre strumenti e metodologie che possono essere adattate e applicate in modo versatile a una vasta gamma di sfide.

Nel contesto del business, la strategia si articola nella gestione delle risorse aziendali, nella definizione degli obiettivi a lungo termine e nella capacità di prendere decisioni fondamentali che influenzano la crescita e la competitività dell'impresa. In un ambiente dove il cambiamento è costante e le incognite sono molte, applicare la strategia consente di anticipare le mosse dei competitor, di gestire i rischi e di esplorare nuove opportunità.

Analogamente, nella politica, la strategia non riguarda solo la gestione di un partito o di una nazione, ma anche la capacità di manipolare le percezioni, le alleanze e le risorse in modo tale da ottenere consensi e raggiungere obiettivi nazionali o internazionali. Le dinamiche politiche richiedono una visione d'insieme e una continua adattabilità ai mutamenti rapidi, e la strategia in questo ambito diventa essenziale per l'affermazione del potere e la realizzazione di politiche efficaci.

Le relazioni interpersonali, pur apparendo a prima vista come un contesto lontano dalla "strategia" nel senso tradizionale, sono in realtà il terreno dove la strategia può essere applicata in maniera quotidiana. Comprendere come navigare le dinamiche sociali, come influenzare le persone e come costruire alleanze e coalizioni, rappresenta una forma di applicazione della strategia che, pur più sottile, è cruciale tanto quanto quella adottata nelle aree più formali.

In questa parte, esamineremo dunque come la strategia, sebbene affondi le radici nella teoria, diventa una disciplina in grado di guidare le azioni in una molteplicità di contesti. Attraverso esempi concreti e applicazioni pratiche, mostreremo come ogni settore richieda un approccio strategico mirato, in grado di rispondere alle specifiche necessità e di affrontare le sfide in modo sistematico, ma sempre con una visione ampia e lungimirante.

Strategia militare: lezioni dalla storia e dalla guerra

La gestione di eserciti, risorse e territori

La strategia militare, nel corso della storia, ha avuto un ruolo determinante nel plasmare gli eventi e nel determinare le sorti delle nazioni. Essa non si limita alla mera gestione dei conflitti armati, ma abbraccia una dimensione complessa che include la pianificazione a lungo termine, la gestione delle risorse, l'amministrazione dei territori e la direzione delle forze umane, sia sul campo di battaglia che fuori di esso. Le guerre, per quanto drammatiche e distruttive, hanno sempre offerto lezioni vitali sulla capacità di gestire conflitti su vasta scala, sull'importanza di una visione strategica e sull'interconnessione tra la potenza militare e quella economica, politica e sociale.

Nel contesto della guerra, la gestione degli eserciti rappresenta un aspetto cruciale. Non si tratta solo di determinare le tattiche da adottare durante gli scontri diretti, ma di organizzare le forze in modo che possano operare efficacemente nel lungo periodo, mantenendo l'integrità e l'efficienza anche in condizioni di grande stress. La gestione degli eserciti implica la distribuzione delle forze, la protezione delle linee di rifornimento, il coordinamento tra diverse branche delle forze armate e, non meno importante, la motivazione e il morale delle truppe. La capacità di mantenere l'ordine e l'efficacia, anche durante periodi di conflitto prolungato, è ciò che permette di vincere le guerre e consolidare il potere.

Le risorse, nel contesto militare, sono un altro elemento chiave della strategia. Ogni guerra richiede ingenti risorse materiali e umane. Non solo cibo e munizioni, ma anche tecnologia, intelligenza e, soprattutto, il controllo delle risorse strategiche come il petrolio, i metalli preziosi, o le vie di comunicazione. La gestione delle risorse in guerra comporta non solo la loro accumulazione e distribuzione in modo efficace, ma anche la protezione di quelle stesse risorse da attacchi nemici, il che aggiunge un livello di complessità alla pianificazione strategica. In molti casi, il controllo delle risorse ha determinato l'esito dei conflitti, tanto quanto le battaglie stesse. Un esercito ben rifornito è in grado di mantenere una lunga campagna, mentre la scarsità di risorse può portare a rapidi fallimenti, anche quando l'esercito avversario è tecnicamente inferiore.

Il controllo dei territori è un ulteriore aspetto fondamentale della strategia militare. L'espansione territoriale, o il mantenimento del controllo su vasti spazi, non è mai una questione di semplice occupazione, ma una gestione complessa di risorse, popolazioni locali e infrastrutture. I territori conquistati devono essere gestiti in modo da non esaurire le risorse necessarie per la guerra stessa, ma anche in modo che la popolazione sottoposta non diventi un fattore di destabilizzazione. La strategia militare storica ha mostrato che il controllo territoriale implica spesso la necessità di costruire e mantenere un'occupazione duratura, che prevede sia la difesa delle frontiere che l'integrazione delle nuove terre all'interno della struttura geopolitica esistente.

Le lezioni tratte dalla storia delle guerre, dalle grandi battaglie ai conflitti moderni, offrono un'importante fonte di insegnamento sulla natura della strategia. Ogni grande stratega, da Napoleone Bonaparte a Sun Tzu, ha saputo combinare la pianificazione militare con la comprensione delle dinamiche politiche, sociali ed economiche, utilizzando le risorse in modo oculato e facendo della flessibilità e dell'adattabilità i suoi strumenti principali. In ogni conflitto, il piano strategico non è mai statico: deve rispondere agli sviluppi e alle mutazioni del contesto, adattandosi alle nuove circostanze e alle sfide emergenti. La grandezza della strategia militare sta proprio nella capacità di pensare e agire su più livelli, integrando la gestione delle forze, delle risorse e dei territori in un sistema coerente che vada oltre il mero confronto fisico.

In sintesi, la strategia militare offre insegnamenti fondamentali per la gestione non solo dei conflitti, ma anche delle risorse e delle persone. Essa ci mostra che, in ogni contesto, la pianificazione accurata, la gestione oculata delle risorse e la capacità di adattarsi e reagire ai cambiamenti sono fattori imprescindibili per il raggiungimento degli obiettivi, che siano questi di natura politica, economica o sociale. Il campo di battaglia, con tutte le sue complessità, diventa così un laboratorio di applicazione delle teorie strategiche, un luogo dove si sperimentano approcci che, una volta perfezionati, possono essere trasferiti a contesti anche completamente diversi.

La psicologia del nemico e il gioco di lungo termine

Nella strategia militare, come in qualsiasi altro ambito strategico, la comprensione della psicologia del nemico rappresenta un elemento fondamentale per la pianificazione e l'esecuzione di azioni efficaci. Conoscere la mente dell'avversario non significa semplicemente prevedere le sue mosse immediate, ma entrare in sintonia con le sue percezioni, i suoi punti di debolezza, le sue paure e le sue motivazioni profonde. L'arte della guerra, infatti, è tanto un gioco mentale quanto una serie di scontri fisici, e comprendere la psicologia del nemico diventa la chiave per manipolare le sue scelte e indebolire la sua determinazione.

In guerra, il nemico non è mai una semplice entità passiva, ma una forza che reagisce in modo dinamico alle proprie percezioni, alle informazioni che riceve, e alle situazioni in cui si trova. La capacità di influenzare la psicologia del nemico può prendere molte forme: dalla disinformazione all'inganno, dalla creazione di divergenze interne alla manipolazione delle sue aspettative. Un avversario indeciso, confuso o scosso dalle proprie insicurezze diventa più vulnerabile agli attacchi strategici, e il compito di un comandante o di un stratega è quello di seminare il dubbio, minare la fiducia nelle proprie forze e sfruttare ogni opportunità per destabilizzare le sue convinzioni.

La psicologia del nemico deve essere letta attraverso le sue azioni, le sue comunicazioni e il comportamento delle sue truppe. I segnali di debolezza, la mancanza di coesione tra le sue forze, i segnali di panico o disorganizzazione, sono indicatori che devono essere colti tempestivamente e sfruttati a proprio favore. Non è solo un tema di superiorità militare, ma di leadership psicologica. La fiducia che un comandante infonde nelle proprie truppe, la morale che riesce a mantenere alta anche nelle situazioni più difficili, è tanto importante quanto la preparazione delle forze in campo.

Inoltre, la psicologia del nemico è particolarmente rilevante nel contesto di un gioco di lungo termine. Una guerra, o qualsiasi altro conflitto strategico, non è mai una serie di battaglie isolate, ma un processo continuo che si svolge su un arco di tempo esteso. Le azioni immediate sono solo il riflesso di un piano a lungo termine, e la gestione della psicologia del nemico deve seguire una logica simile. Non si tratta di sconfiggere il nemico in una sola mossa, ma di destabilizzarlo gradualmente, di minare la sua capacità di reagire a lungo termine. La vittoria non si misura solo nella quantità di battaglie vinte, ma nell'abilità di indebolire la volontà dell'avversario di continuare il conflitto.

Nel gioco di lungo termine, è fondamentale fare in modo che il nemico non possa mai trovare un modo per recuperare pienamente le sue forze. Le azioni psicologiche devono mirare a creare una spirale discendente: il nemico, dopo ogni battaglia, deve essere sempre più indebolito psicologicamente, fino a quando la sua resistenza non diventa insostenibile. Allo stesso tempo, è essenziale mantenere il proprio esercito motivato e sicuro delle proprie forze. Il morale delle truppe proprie deve essere gestito con grande attenzione, affinché non venga scosso da eventuali difficoltà o imprevisti.

Questo approccio strategico di lungo periodo non si limita alla guerra tradizionale, ma può essere applicato in una vasta gamma di contesti, dalla politica agli affari, dove il "nemico" può rappresentare un concorrente o una forza opposta.

Comprendere come influenzare la psicologia del rivale e portarlo ad adottare decisioni svantaggiose è uno degli aspetti più potenti della strategia. Il gioco di lungo termine diventa una serie di mosse intese a far perdere al nemico la motivazione a proseguire la lotta, sia essa militare, economica o psicologica.

In sintesi, la psicologia del nemico e il gioco di lungo termine sono due dimensioni imprescindibili della strategia militare. La capacità di comprendere, manipolare e sfruttare le inclinazioni psicologiche dell'avversario, combinata con una visione a lungo termine, è ciò che consente a un comandante o a uno stratega di ottenere vantaggi decisivi in ogni fase del conflitto. La vittoria non si ottiene solo con la forza bruta, ma con la mente, la pazienza e la saggezza necessarie per disintegrare la volontà del nemico e spingerlo a rinunciare prima che possa riprendersi.

Strategia aziendale: guidare l'innovazione e il successo

Espansione nei mercati globali

Nel contesto aziendale, la strategia non è un concetto statico, ma un processo dinamico e continuo che deve adattarsi alle rapide evoluzioni del mercato, delle tecnologie e delle preferenze dei consumatori. In un mondo globalizzato, l'espansione nei mercati globali non è più una mera opportunità, ma una necessità per le aziende che desiderano mantenere la loro competitività e prosperità nel lungo periodo. In questo contesto, la strategia aziendale diventa un esercizio complesso, che implica l'identificazione delle opportunità, l'adattamento alle diverse realtà locali, l'innovazione continua e, soprattutto, la capacità di navigare le sfide di un mercato internazionale in costante cambiamento.

L'espansione nei mercati globali è una delle principali direzioni strategiche che le aziende perseguono per accrescere la loro quota di mercato, diversificare le fonti di ricavo e ottenere economie di scala. Tuttavia, questo processo non è privo di rischi e sfide. Ogni mercato estero presenta caratteristiche uniche che devono essere comprese e valutate attentamente. La cultura locale, le normative, la concorrenza, le preferenze dei consumatori e le condizioni economiche sono solo alcuni dei fattori che influenzano il successo di un'impresa in un nuovo mercato. Una strategia aziendale vincente deve tenere conto di tutte queste variabili e deve essere capace di progettare un piano d'azione che non solo risponda alle esigenze immediate, ma che sia anche sostenibile nel lungo periodo.

Per affrontare queste sfide, le aziende devono sviluppare una solida conoscenza del contesto globale in cui operano, comprendere le differenze tra i mercati e identificare le opportunità che possono essere sfruttate a loro favore. La capacità di adattarsi ai diversi ambienti locali è fondamentale: un modello di business che funziona perfettamente in un paese potrebbe non essere altrettanto efficace in un altro, e quindi è necessario trovare soluzioni personalizzate che rispondano alle specifiche condizioni del mercato target. Ad esempio, una strategia che funziona in un mercato sviluppato, con consumatori sofisticati e ben informati, potrebbe non essere applicabile a mercati emergenti, dove i consumatori potrebbero avere esigenze diverse e meno consapevolezza dei marchi globali.

L'innovazione gioca un ruolo cruciale nell'espansione globale di un'impresa. Le aziende che riescono a distinguersi nel panorama internazionale sono quelle che sono in grado di offrire prodotti e servizi nuovi, differenziati e di alta qualità, che rispondono a esigenze non ancora soddisfatte o che offrono un valore superiore rispetto a ciò che la concorrenza propone. In questo senso, la strategia aziendale non riguarda solo l'acquisizione di nuovi mercati, ma anche il continuo sviluppo di soluzioni innovative che possano attrarre i consumatori e dare all'azienda un vantaggio competitivo duraturo. L'innovazione, quindi, non si limita alla tecnologia o ai prodotti, ma può riguardare anche il modello di business, i processi aziendali, il marketing e la gestione delle risorse umane.

Per avere successo nell'espansione globale, le aziende devono anche affrontare il tema della gestione del rischio. Operare a livello internazionale comporta una serie di incognite, dalle fluttuazioni valutarie ai cambiamenti normativi, dalle turbolenze politiche alle difficoltà logistiche. Una strategia aziendale efficace deve includere una gestione del rischio che permetta di mitigare l'impatto di questi fattori esterni. L'analisi approfondita dei rischi legati all'ingresso in nuovi mercati, la pianificazione di scenari alternativi e la predisposizione di strategie di contingenza sono elementi imprescindibili per navigare in modo sicuro in un ambiente globale incerto.

L'espansione nei mercati globali offre enormi opportunità, ma anche sfide significative che richiedono una visione strategica chiara e ben definita. Le aziende devono essere pronte ad adattarsi, innovare e rispondere rapidamente ai cambiamenti del mercato globale, senza mai perdere di vista i propri obiettivi a lungo termine. La capacità di guidare l'innovazione, di personalizzare la propria offerta in base ai mercati locali e di gestire il rischio in modo efficace sono gli elementi chiave per il successo di una strategia aziendale globale. In un mondo sempre più interconnesso, le aziende che sapranno navigare questo panorama con saggezza e lungimiranza saranno quelle che riusciranno a crescere e prosperare nel lungo periodo.

Costruire un vantaggio competitivo sostenibile

Il concetto di vantaggio competitivo è una pietra angolare nella formulazione della strategia aziendale, poiché rappresenta l'elemento che permette a un'impresa di superare i suoi concorrenti e di mantenere una posizione di leadership nel lungo periodo. Tuttavia, nel contesto di un mercato globale in continua evoluzione, la costruzione di un vantaggio competitivo sostenibile richiede più di semplici innovazioni o soluzioni a breve termine. Si tratta di sviluppare una serie di risorse, capacità e processi che non solo consentano all'impresa di ottenere un vantaggio, ma che siano anche protetti da imitazioni o da modifiche strutturali del mercato che potrebbero erodere questo vantaggio nel tempo.

Un vantaggio competitivo sostenibile non deriva esclusivamente dalla superiorità di un prodotto o servizio in un dato momento, ma dalla capacità dell'azienda di mantenere e difendere questa superiorità in un orizzonte temporale prolungato. Diversamente da vantaggi competitivi transitori, che possono essere facilmente imitati da nuovi entranti o da aziende rivali, un vantaggio competitivo sostenibile è costruito su basi che sono difficili da replicare e che danno all'impresa un margine di vantaggio che non può essere facilmente estinto.

Un elemento fondamentale per creare un vantaggio competitivo sostenibile è l'innovazione continua. Mentre un prodotto innovativo o una nuova tecnologia possono offrire inizialmente un vantaggio, l'evoluzione rapida della tecnologia e dei modelli di business significa che le imprese devono essere costantemente alla ricerca di nuove idee e soluzioni. In questo senso, l'innovazione deve essere intesa non solo come lo sviluppo di nuovi prodotti, ma anche come un processo continuo di miglioramento delle operazioni, della gestione dei clienti, dei canali di distribuzione e della catena del valore complessiva. Le aziende che investono in ricerca e sviluppo, che promuovono una cultura dell'innovazione e che creano un ecosistema favorevole alla generazione di nuove idee sono più propense a costruire vantaggi competitivi che sono difficili da replicare.

Un altro aspetto cruciale nella costruzione di un vantaggio competitivo sostenibile è la capacità di creare risorse uniche che possano essere protette dalla concorrenza. Le risorse tangibili, come impianti di produzione avanzati o tecnologie proprietarie, sono importanti, ma non sufficienti per mantenere una posizione di leadership a lungo termine. Le risorse intangibili, come il brand, la reputazione, le relazioni con i clienti, la cultura aziendale e le competenze distintive, sono spesso i fattori che consentono alle aziende di sviluppare e difendere un vantaggio competitivo. Ad esempio, un marchio ben posizionato e che evoca fiducia nei consumatori può essere un potente vantaggio competitivo, poiché è difficile da replicare senza una lunga storia di esperienza, qualità e fidelizzazione.

Allo stesso modo, le competenze distintive delle persone all'interno dell'azienda giocano un ruolo centrale nella creazione di un vantaggio competitivo sostenibile. La capacità di un'organizzazione di attrarre, formare e trattenere talenti è un fattore determinante per il successo a lungo termine. Le aziende che investono in formazione continua, sviluppo delle competenze e leadership sono meglio posizionate per affrontare sfide future e per garantire che le loro risorse umane possiedano le competenze necessarie per innovare e adattarsi ai cambiamenti del mercato.

Un ulteriore elemento chiave nella costruzione di un vantaggio competitivo sostenibile è la gestione efficace delle alleanze strategiche e delle reti di valore. Le alleanze con altre imprese, che possono includere fornitori, partner tecnologici o distributori, possono fornire accesso a risorse complementari che permettono di sfruttare sinergie e creare valore aggiunto. Le aziende che sanno come costruire e mantenere alleanze strategiche forti sono in grado di creare vantaggi che vanno oltre le proprie risorse interne e che sono più difficili da replicare per i concorrenti.

Infine, la sostenibilità in senso ampio – che include aspetti ambientali, sociali e di governance (ESG) – è diventata un pilastro essenziale per costruire un vantaggio competitivo duraturo. In un mondo in cui i consumatori, gli investitori e le autorità di regolamentazione sono sempre più sensibili a questioni di responsabilità sociale e ambientale, le aziende che adottano pratiche sostenibili e che si impegnano in iniziative di responsabilità sociale d'impresa sono in grado di ottenere vantaggi competitivi che non si basano solo su prestazioni economiche immediate, ma su un valore percepito nel lungo periodo. La sostenibilità, quindi, non è solo una risposta alle normative, ma un elemento che può differenziare le aziende nel panorama competitivo e consentire loro di costruire un legame più profondo con i consumatori, rafforzando il brand e la lealtà del cliente.

In sintesi, costruire un vantaggio competitivo sostenibile è un processo che richiede una combinazione di innovazione continua, risorse intangibili difficilmente replicabili, competenze distintive, alleanze strategiche e una gestione olistica della sostenibilità. Le aziende che riescono a mettere in atto una strategia che integra questi fattori non solo ottengono un vantaggio competitivo, ma creano una base solida per prosperare in un mercato globale in continua evoluzione. Il vantaggio competitivo sostenibile non è una meta da raggiungere, ma un viaggio che richiede adattabilità, visione a lungo termine e impegno costante nel perfezionamento delle proprie capacità.

Strategia politica: potere e consenso

Gestione delle coalizioni e influenzare le opinioni pubbliche

La strategia politica, come qualsiasi altra forma di strategia, è un gioco di potere, influenze e risorse. Tuttavia, nella sfera politica, questo gioco è reso ancor più complesso dalla natura fluida delle alleanze, dalle dinamiche delle opinioni pubbliche e dalle variabili esterne come le crisi economiche, le emergenze sociali e i cambiamenti nei contesti geopolitici. La capacità di esercitare potere e ottenere consenso è, quindi, una delle fondamenta su cui si costruiscono le carriere politiche e le strategie dei partiti. Per i leader politici e per i gruppi di potere, la gestione efficace delle coalizioni e l'influenza sulle opinioni pubbliche sono strumenti cruciali per consolidare e rafforzare il proprio potere, tanto sul piano nazionale quanto internazionale.

La gestione delle coalizioni è uno degli aspetti più critici della strategia politica. In un contesto in cui le alleanze tra partiti o gruppi politici sono essenziali per ottenere una maggioranza o garantire la stabilità di un governo, il saper negoziare, mediare e, in alcuni casi, fare compromessi è fondamentale per il successo politico. Le coalizioni non sono solo accordi formali; sono anche costruzioni dinamiche, fatte di interessi condivisi ma anche di divergenze che devono essere abilmente gestite per evitare fratture interne. Il leader politico che riesce a navigare le acque della politica di coalizione deve essere in grado di mantenere un equilibrio tra le esigenze e le priorità degli alleati, evitando al contempo che le alleanze diventino instabili o che portino a divisioni che possano minare il potere acquisito.

Una strategia efficace per la gestione delle coalizioni implica, innanzitutto, la selezione degli alleati giusti. Le alleanze politiche non devono essere dettate solo da convenienze a breve termine, ma devono rispondere a un quadro strategico più ampio, che consideri la coerenza ideologica, la capacità di collaborare su temi chiave e la forza che queste coalizioni possano apportare nel raggiungimento degli obiettivi politici. Inoltre, una gestione oculata delle coalizioni implica anche la gestione delle dinamiche interne: il leader deve essere capace di esercitare autorità senza apparire autoritario, e deve dimostrare di essere in grado di rappresentare un punto di sintesi tra le diverse voci all'interno della coalizione.

L'influenza sulle opinioni pubbliche rappresenta un altro pilastro fondamentale della strategia politica. In un'epoca in cui le informazioni viaggiano rapidamente e la percezione pubblica può essere plasmata in tempo reale, i politici devono sviluppare capacità comunicative avanzate per costruire e mantenere il consenso. Questo non significa solo lanciare messaggi persuasivi, ma anche capire i bisogni, le paure, le aspettative e i valori della popolazione. La strategia di comunicazione politica deve, quindi, essere in grado di costruire una narrazione che risuoni con l'elettorato, affrontando i temi più rilevanti e presentando soluzioni che siano percepite come concrete e credibili.

Per influenzare le opinioni pubbliche, è essenziale una comprensione approfondita dei media, della psicologia della comunicazione e dei meccanismi attraverso i quali i messaggi vengono ricevuti e interpretati. La politica moderna è intrinsecamente legata alla capacità di gestire l'immagine pubblica, e ciò implica non solo l'uso delle tradizionali piattaforme politiche, come i discorsi e le interviste, ma anche l'utilizzo dei social media, che oggi giocano un ruolo centrale nel modellare la percezione dei leader e dei partiti. La creazione di un'immagine forte, chiara e coerente attraverso questi canali, abbinata a un messaggio che risponde alle aspettative sociali e politiche, può determinare l'orientamento delle masse e influire sulla loro inclinazione a supportare un determinato partito o programma.

Inoltre, la gestione delle opinioni pubbliche non si limita alla costruzione di un consenso passivo, ma richiede anche la capacità di contrastare attacchi, critiche e posizioni divergenti. La difesa del proprio operato, la gestione delle crisi politiche e la reazione agli attacchi della concorrenza sono componenti vitali della strategia politica. La resistenza a fenomeni di polarizzazione o di critica negativa richiede una preparazione solida, la capacità di rimanere centrati e l'utilizzo di argomentazioni persuasive per neutralizzare le narrazioni avversarie.

Infine, la strategia politica deve essere in grado di adattarsi a contesti mutevoli. I fattori economici, sociali e geopolitici sono in continua evoluzione, e un leader che vuole mantenere il consenso e il potere deve essere pronto a rivedere le proprie politiche e alleanze in risposta ai cambiamenti. La capacità di leggere correttamente i segnali del contesto e di reagire in modo proattivo può fare la differenza tra il successo e il fallimento di un progetto politico.

In sintesi, la strategia politica si costruisce sulla gestione oculata delle coalizioni e sulla capacità di influenzare e manipolare le opinioni pubbliche. La politica richiede competenze di negoziazione, mediazione e comunicazione, oltre alla capacità di anticipare e rispondere ai cambiamenti del contesto socio-politico. Un leader politico che riesce a dominare queste dinamiche avrà maggiori probabilità di mantenere il potere e il consenso nel lungo periodo.

La comunicazione come strumento strategico

La comunicazione è uno degli strumenti più potenti e determinanti nella strategia politica, economica e sociale. In un mondo sempre più interconnesso, in cui le informazioni viaggiano rapidamente attraverso numerosi canali, la capacità di comunicare efficacemente è divenuta non solo una competenza fondamentale, ma un vero e proprio elemento strategico che può influenzare decisioni, orientamenti e risultati. La comunicazione, infatti, non riguarda solo la trasmissione di informazioni, ma è un processo complesso di costruzione di significato, persuasione e gestione della percezione pubblica. In questo contesto, la comunicazione non è più un'attività passiva, ma assume un ruolo centrale nella formulazione e nell'implementazione di strategie, giocando un ruolo cruciale nella gestione del potere e nella creazione del consenso.

In primo luogo, la comunicazione strategica ha un impatto profondo sulla costruzione e sul mantenimento di un'immagine pubblica. Sia nel mondo politico che in quello aziendale, l'immagine di un leader o di un brand è spesso la chiave del successo. Un'immagine positiva e coerente è fondamentale per guadagnare la fiducia del pubblico e per cementare la propria posizione. La strategia comunicativa deve quindi essere progettata per promuovere un'immagine che rispecchi i valori e gli obiettivi di chi la promuove, mentre simultaneamente affronta le sfide, le critiche o le eventuali contraddizioni. In politica, per esempio, un leader che riesce a trasmettere un'immagine di competenza, integrità e vicinanza al popolo riuscirà a guadagnare un ampio consenso, mentre, nel mondo aziendale, un brand che comunica in modo coerente il proprio impegno verso la qualità, l'innovazione o la sostenibilità tende a fidelizzare i consumatori.

La gestione delle crisi rappresenta un altro ambito in cui la comunicazione assume un valore strategico fondamentale. In un mondo caratterizzato dalla rapida circolazione delle informazioni, le crisi possono scoppiare improvvisamente, travolgendo politici, aziende o istituzioni. In questi momenti, la comunicazione diventa uno strumento cruciale per il controllo dei danni, la gestione della narrativa e la salvaguardia della reputazione. Una risposta tempestiva, chiara e ben calibrata può non solo minimizzare le conseguenze negative di una crisi, ma addirittura rafforzare la posizione del leader o dell'impresa, qualora la gestione della situazione dimostri competenza e trasparenza. Un esempio emblematico in politica è rappresentato dalla capacità di un governo di affrontare un'emergenza nazionale: la comunicazione immediata e coerente con la popolazione, la disponibilità di informazioni accurate e la gestione delle aspettative possono fare la differenza tra una crisi gestita e una crisi che danneggia irreparabilmente la credibilità di chi governa.

Nel contesto economico e aziendale, la comunicazione strategica si estende anche alla gestione delle relazioni con gli stakeholder. I clienti, i dipendenti, gli azionisti, i fornitori e la comunità locale sono tutti attori che interagiscono costantemente con un'impresa, e ognuno di essi ha aspettative e bisogni specifici. La comunicazione, in questo caso, deve essere utilizzata per alimentare relazioni positive, per stimolare la lealtà e per guidare l'azienda verso l'allineamento con le proprie strategie a lungo termine. La creazione di un dialogo continuo con gli stakeholder, che può avvenire attraverso report aziendali, conferenze, comunicati stampa e interazioni dirette, è un elemento fondamentale per gestire la reputazione dell'impresa, rafforzare la fiducia e costruire alleanze strategiche.

Un altro aspetto cruciale della comunicazione come strumento strategico è l'utilizzo dei mezzi di comunicazione di massa e dei social media. I media tradizionali, come la televisione, la stampa e la radio, continuano a essere importanti canali di comunicazione, ma i social media hanno assunto una posizione preminente, soprattutto nel contesto politico e nella gestione delle crisi. Essi consentono di raggiungere direttamente il pubblico, bypassando i tradizionali filtri giornalistici, e di costruire una comunicazione immediata e mirata. La comunicazione attraverso i social media, tuttavia, richiede un'attenzione particolare alla gestione dell'immagine, poiché le informazioni si diffondono rapidamente e possono essere facilmente manipolate o fraintese. Le campagne virali, i messaggi diretti e la gestione di una community online sono tecniche che i leader e le aziende utilizzano per rafforzare la loro posizione, ma allo stesso tempo possono essere rischiose se non gestite con cautela.

In politica, la comunicazione diventa strumento per costruire consenso e orientare l'opinione pubblica. La retorica, la persuasione, l'uso simbolico delle parole e la costruzione di una narrativa coesa sono tutte tecniche che consentono ai leader di raccogliere supporto popolare. La creazione di messaggi emotivamente coinvolgenti e la capacità di parlare alle aspirazioni e alle preoccupazioni della gente sono essenziali per guadagnare la fiducia e ottenere il consenso. Tuttavia, in politica, la comunicazione è spesso anche un gioco di manipolazione delle percezioni e delle opinioni, un processo in cui la gestione dei conflitti, delle crisi e delle alleanze politiche è strettamente legata alla narrazione che viene presentata al pubblico.

In sintesi, la comunicazione è un elemento essenziale per ogni strategia, poiché consente non solo di gestire le percezioni, ma anche di costruire e mantenere il potere. L'efficacia di una strategia comunicativa dipende dalla capacità di usare le parole, le immagini, i messaggi e i canali giusti al momento giusto, al fine di ottenere i risultati desiderati. La comunicazione strategica, quindi, non si limita alla semplice trasmissione di informazioni, ma diventa un mezzo per influenzare, persuadere e, infine, dominare il campo politico, economico e sociale. La sua gestione oculata e la sua pianificazione sono determinanti per il successo a lungo termine di qualsiasi impresa o progetto.

Strategia personale: pianificare la propria vita

Definizione degli obiettivi personali e professionali

La strategia personale rappresenta un approccio sistematico e orientato al risultato per la pianificazione della propria vita. Essa si basa sull'idea che la vita non debba essere lasciata al caso, ma che debba essere progettata con consapevolezza e intenzionalità, così da permettere di perseguire obiettivi significativi e raggiungere una realizzazione autentica, tanto sul piano personale quanto professionale. La definizione di obiettivi chiari e ben strutturati è uno degli aspetti fondamentali di questa strategia. Senza una direzione precisa, senza un insieme di obiettivi delineati con chiarezza, la vita può sembrare frammentata e priva di scopo, facendo svanire il senso di controllo e di progressione.

Nel contesto della strategia personale, definire obiettivi significa identificare ciò che è veramente importante e significativo. Questi obiettivi devono essere il risultato di un processo di riflessione profonda, che implica l'analisi dei propri valori, delle proprie inclinazioni e delle proprie aspirazioni. Ciò non si limita a un semplice esercizio mentale, ma richiede anche un impegno attivo per allineare le proprie azioni quotidiane agli scopi di lungo periodo. La definizione di obiettivi personali e professionali deve essere concepita come un processo continuo, che implica non solo la scelta di traguardi a breve termine, ma anche una visione di lungo termine che prenda in considerazione l'evoluzione dei propri desideri e ambizioni nel corso del tempo.

Uno degli aspetti più critici nella definizione degli obiettivi è la comprensione della differenza tra obiettivi a breve termine e a lungo termine. Gli obiettivi a breve termine sono quelli che si possono raggiungere in un arco temporale relativamente ristretto, come l'acquisizione di una nuova competenza, il completamento di un progetto specifico o il miglioramento della propria routine quotidiana. Questi obiettivi sono fondamentali per mantenere la motivazione alta e garantire progressi concreti. Tuttavia, è altrettanto importante avere una visione di lungo termine, che potrebbe riguardare la realizzazione di sogni più ambiziosi come la creazione di una carriera di successo, la costruzione di una famiglia o il raggiungimento di una forma di benessere generale e duraturo. La strategia personale efficace integra entrambe le dimensioni, stabilendo obiettivi che siano interconnessi tra loro e che si sostengano vicendevolmente nel tempo.

Un altro principio fondamentale nella pianificazione degli obiettivi è la loro specificità. Gli obiettivi generali, come "voglio avere successo nella vita" o "desidero essere felice", sono troppo vaghi per essere concretizzati in azioni quotidiane. Al contrario, gli obiettivi specifici sono quelli che definiscono chiaramente ciò che si desidera ottenere, come "ottenere una promozione al lavoro entro sei mesi" o "completare un master in leadership entro tre anni". Obiettivi ben definiti sono misurabili, raggiungibili e realizzabili, e forniscono un chiaro percorso di azione. Inoltre, stabilire scadenze precise e monitorare regolarmente i progressi sono strumenti indispensabili per mantenere alta la motivazione e per fare in modo che le azioni quotidiane siano allineate con gli obiettivi stabiliti.

Un aspetto altrettanto rilevante nella pianificazione strategica della propria vita è la consapevolezza dei fattori esterni che possono influenzare i propri obiettivi. La strategia personale deve essere costruita tenendo conto di variabili come le circostanze familiari, economiche e professionali, ma anche dell'ambiente sociale e culturale in cui ci si trova. Sebbene la pianificazione sia essenziale, essa deve essere anche adattabile, poiché gli imprevisti fanno parte della vita. Un approccio strategico deve includere anche una riflessione continua sul proprio percorso, in modo da modificare e aggiornare gli obiettivi alla luce di nuove informazioni o situazioni. Questo processo di revisione non deve essere visto come un fallimento, ma come una parte naturale e necessaria dell'evoluzione personale.

Infine, una componente cruciale della strategia personale è la gestione delle risorse. Definire obiettivi senza tenere in considerazione le risorse necessarie per realizzarli, sia esse temporali, finanziarie o relazionali, sarebbe un errore fatale. Ogni obiettivo richiede una valutazione delle risorse disponibili e un piano per ottimizzare il loro utilizzo. La gestione efficiente delle risorse implica la capacità di allocare il proprio tempo e le proprie energie in modo da massimizzare i risultati, senza disperderli in attività che non contribuiscono al raggiungimento degli scopi prefissati. Inoltre, è fondamentale fare un bilancio continuo delle proprie risorse, per identificare se e quando sarà necessario ricorrere a nuovi strumenti o risorse, come l'acquisizione di nuove competenze, la costruzione di nuove relazioni professionali o la ricerca di supporto finanziario.

In sintesi, la strategia personale è il risultato di un processo continuo di definizione, revisione e realizzazione degli obiettivi. Essa richiede una pianificazione oculata e una visione a lungo termine, supportata da azioni concrete e da una costante capacità di adattamento. La definizione degli obiettivi personali e professionali non è mai un atto isolato, ma una parte integrata di un più ampio percorso di crescita e realizzazione, che si articola in tappe successive e si evolve in risposta ai cambiamenti della vita. La chiave del successo risiede nella capacità di fissare obiettivi ambiziosi ma raggiungibili, di gestire le risorse in modo strategico e di rimanere flessibili nel rispondere agli imprevisti.

Costruire il percorso verso il successo individuale

Il successo individuale non è un traguardo che può essere raggiunto casualmente o senza un piano ben strutturato. Esso rappresenta, piuttosto, il risultato di una sequenza di scelte consapevoli, azioni mirate e strategie a lungo termine. Costruire un percorso che conduca al successo richiede un approccio metodico e riflessivo, che integri la definizione degli obiettivi, la gestione delle risorse, l'adattamento alle sfide impreviste e la costante evoluzione delle proprie capacità e conoscenze. Questo percorso non è lineare né statico, ma si sviluppa attraverso tappe successive, ciascuna delle quali contribuisce a consolidare la propria visione e a orientare le azioni quotidiane verso l'ambito di successo scelto.

Il primo passo nel costruire il proprio percorso verso il successo individuale è la definizione di una visione chiara e coerente del futuro. Senza una visione definita, il percorso diventa frammentato, privo di direzione e spesso inefficace. Una visione chiara implica una comprensione profonda di ciò che si desidera ottenere a livello professionale, personale e sociale. Questa visione non deve limitarsi a obiettivi superficiali o momentanei, ma deve riflettere una comprensione complessiva delle proprie ambizioni più profonde e durature. Solo quando si ha una visione chiara si possono delineare con precisione gli obiettivi a breve, medio e lungo termine, che diventeranno le fondamenta su cui costruire l'intero percorso.

Dopo aver definito la visione, il passo successivo è l'individuazione degli obiettivi concreti. Questi obiettivi devono essere allineati con la visione, ma allo stesso tempo essere abbastanza specifici da poter essere realizzati con azioni concrete. Ogni obiettivo deve essere misurabile, raggiungibile e ben definito. Una pianificazione strategica efficace implica la suddivisione degli obiettivi in traguardi più piccoli e gestibili, che possano essere raggiunti progressivamente. Il percorso verso il successo individuale non è fatto solo di grandi traguardi, ma anche di piccoli successi quotidiani che, sommandosi, permettono di progredire verso l'obiettivo finale. È importante stabilire scadenze realistiche per ciascun obiettivo, creando così un senso di urgenza che motivi all'azione.

Una volta fissati gli obiettivi, il passo successivo è la gestione delle risorse. Ogni individuo dispone di una serie di risorse, tra cui il tempo, le energie, le competenze e le relazioni sociali, che devono essere utilizzate in modo strategico per il raggiungimento degli obiettivi. La gestione del tempo è una delle risorse più critiche, poiché la capacità di pianificare le proprie giornate e di evitare sprechi di tempo è determinante per il successo. Ogni azione, ogni decisione deve essere finalizzata all'avanzamento verso gli obiettivi definiti. Non basta pianificare le attività, bisogna anche impegnarsi costantemente a monitorare i progressi e a fare aggiustamenti quando necessario. La flessibilità è una qualità fondamentale in questo processo, poiché le circostanze possono cambiare e nuovi ostacoli possono emergere.

Un altro elemento essenziale per costruire un percorso di successo individuale è la capacità di affrontare e superare le difficoltà. Il successo non è mai un percorso privo di ostacoli; al contrario, le difficoltà sono inevitabili e devono essere percepite come opportunità per imparare e crescere. La resilienza, ovvero la capacità di rimanere focalizzati sugli obiettivi anche di fronte agli insuccessi e alle avversità, è uno dei tratti distintivi delle persone di successo. Ogni fallimento può e deve essere visto come una lezione che arricchisce l'esperienza e prepara meglio ad affrontare le sfide future. Avere la capacità di rimanere motivati e proattivi anche nei momenti difficili è un aspetto determinante nella costruzione di un percorso verso il successo.

Il sostegno sociale e le alleanze strategiche giocano un ruolo fondamentale nel successo individuale. Costruire una rete di contatti, mantenere relazioni significative e circondarsi di persone che condividono i propri valori e ambizioni è essenziale per alimentare la motivazione, scambiare idee e risolvere problemi. Le alleanze strategiche possono anche essere utili per il raggiungimento di obiettivi comuni, consentendo di sfruttare competenze, risorse e opportunità che da soli sarebbe difficile ottenere. Le relazioni interpersonali non devono essere intese come un fine in sé, ma come un mezzo per crescere insieme e raggiungere obiettivi che, altrimenti, potrebbero risultare irraggiungibili.

Infine, la crescita continua è un aspetto fondamentale nel costruire il proprio percorso verso il successo. Il successo non è mai statico: chi vuole progredire costantemente deve essere impegnato in un processo continuo di miglioramento. Questo implica l'apprendimento continuo, lo sviluppo di nuove competenze e l'adattamento alle nuove circostanze. Investire nella propria crescita, sia personale che professionale, è un elemento imprescindibile per garantire che il percorso verso il successo non solo si realizzi, ma continui a evolversi nel tempo. L'adattamento al cambiamento e l'abilità di anticipare le tendenze future sono essenziali per mantenere il passo in un mondo che si evolve rapidamente.

In sintesi, costruire il percorso verso il successo individuale è un processo complesso che richiede una pianificazione strategica, la gestione delle risorse, la resilienza di fronte alle difficoltà, il sostegno delle alleanze e una continua crescita. Il successo non è un destino predefinito, ma una serie di scelte consapevoli che vengono fatte ogni giorno, in modo che ogni passo contribuisca a costruire un futuro migliore, più soddisfacente e più allineato con le proprie ambizioni. La strada verso il successo è una via che richiede determinazione, disciplina e flessibilità, ma che, se percorsa con attenzione e impegno, conduce inevitabilmente a risultati straordinari.

Strategia sociale e relazionale

Costruire e mantenere reti di supporto

La strategia sociale e relazionale è uno degli elementi più cruciali per il successo individuale, poiché riconosce l'importanza delle connessioni interpersonali e delle reti di supporto nella realizzazione dei propri obiettivi. Gli esseri umani sono esseri sociali, e quindi le relazioni che coltiviamo nel corso della nostra vita svolgono un ruolo fondamentale non solo nel nostro benessere emotivo e psicologico, ma anche nel raggiungimento di successi personali e professionali. Le strategie relazionali non si limitano a interazioni superficiali, ma coinvolgono la creazione e il mantenimento di legami che possano fungere da supporto, offrire opportunità e arricchire la nostra esperienza di vita.

Costruire una rete di supporto solida è il primo passo verso una strategia relazionale di successo. Una rete di supporto non è semplicemente una raccolta di contatti, ma una serie di relazioni significative, in cui ogni individuo, attraverso la sua esperienza, competenza e capacità, contribuisce al benessere e alla crescita dell'altro. Per costruire tale rete, è fondamentale essere proattivi e consapevoli delle proprie esigenze e delle risorse che gli altri possono offrire. Questo processo inizia con il fare delle scelte strategiche su chi includere nel proprio circolo di relazioni, privilegiando persone che condividono valori simili, che sono in grado di ispirare fiducia e che sono disposte a offrire supporto reciproco. Allo stesso modo, è importante evitare di rimanere intrappolati in reti di supporto che, pur essendo numerose, risultano poco funzionali o addirittura dannose. La qualità delle relazioni è molto più importante della quantità.

Un aspetto fondamentale nella costruzione di reti di supporto è l'autenticità. Le relazioni che si fondano sull'autenticità e sull'onestà sono quelle che tendono a durare nel tempo e a essere più efficaci. Quando si entra in relazione con gli altri in modo genuino, si crea un terreno fertile per la collaborazione e il reciproco aiuto. La comunicazione aperta, l'ascolto attivo e la disponibilità a mettersi in gioco emotivamente sono i pilastri di una rete che possa essere considerata un vero supporto. Le persone sono più disposte a offrire il loro aiuto quando percepiscono che le proprie azioni sono apprezzate e quando si sentono riconosciute per le loro capacità e il loro valore umano.

Mantenere una rete di supporto richiede impegno e continuità. Le relazioni non sono statiche; esse vanno nutrite e curate costantemente per evitare che si indeboliscano o si interrompano. A tal fine, è essenziale coltivare il rapporto con i membri della propria rete con regolarità, dedicando tempo ed energie per mantenere viva la connessione. Ciò può avvenire attraverso piccoli gesti quotidiani, come una telefonata, un messaggio di incoraggiamento o un incontro informale. Inoltre, essere disposti a offrire supporto agli altri, non solo riceverlo, è un modo per costruire legami più profondi e duraturi. La reciprocità è un valore fondamentale nella creazione di reti sociali efficaci, e spesso si rivela uno degli ingredienti chiave per la solidità di una relazione a lungo termine.

Un aspetto cruciale della strategia sociale è la capacità di riconoscere il momento in cui una rete di supporto richiede aggiornamenti o modifiche. Le persone e le circostanze cambiano nel tempo, e ciò che una volta rappresentava un supporto valido potrebbe non esserlo più, sia per ragioni personali che professionali. Una strategia relazionale efficace implica anche la flessibilità di adattarsi alle trasformazioni, sapendo quando è il momento di cercare nuovi legami o di rivedere quelli esistenti. Essere in grado di fare valutazioni oggettive sulle proprie relazioni e di apportare modifiche quando necessario è un aspetto importante per garantire che la rete di supporto resti in grado di soddisfare le proprie esigenze.

Il rafforzamento della propria rete relazionale può avvenire anche attraverso il coinvolgimento in contesti sociali e professionali diversi. Espandere la propria cerchia di persone significa anche confrontarsi con esperienze, competenze e prospettive diverse, che arricchiscono la propria visione e creano nuove opportunità. Partecipare a gruppi di interesse comune, eventi professionali, attività di volontariato o iniziative sociali può essere un ottimo modo per costruire nuove connessioni. Ogni interazione rappresenta un'opportunità di crescita, sia sul piano personale che professionale.

Le relazioni, come tutte le risorse, devono essere gestite con saggezza e discernimento. Alcune persone, purtroppo, possono non avere le stesse intenzioni o valori, e questo può comportare dinamiche dannose per il proprio benessere. È importante, quindi, saper distinguere tra quelle relazioni che sono fonte di energia positiva e quelle che invece rappresentano una perdita di tempo o addirittura una minaccia al proprio equilibrio. Stabilire confini sani, non solo fisici ma anche emotivi, è un aspetto fondamentale della gestione delle relazioni. Saper dire di no, saper riconoscere i segnali di relazioni tossiche e distaccarsi da esse è una forma di autogestione strategica che permette di proteggere le proprie risorse più preziose, come il tempo e l'energia.

In conclusione, costruire e mantenere una rete di supporto efficace è una componente fondamentale della strategia sociale e relazionale. Le connessioni interpersonali non sono solo un mezzo per ottenere aiuto nelle difficoltà, ma anche una risorsa preziosa per il proprio sviluppo e il raggiungimento del successo individuale. Una rete ben costruita e mantenuta con cura può fungere da motore per il progresso, permettendo di superare gli ostacoli con maggiore facilità e di cogliere nuove opportunità. La qualità delle relazioni, la reciprocità, la cura continua e la capacità di adattarsi ai cambiamenti sono gli elementi chiave che definiscono una strategia sociale vincente.

Il ruolo della fiducia e della reciprocità

Nel contesto della strategia sociale e relazionale, la fiducia e la reciprocità giocano un ruolo fondamentale, poiché sono i pilastri su cui si basano le interazioni efficaci e durature tra individui. Senza questi elementi, le relazioni tendono a risultare superficiali e instabili, impedendo lo sviluppo di legami che possano portare a una crescita reciproca e al raggiungimento di obiettivi comuni. La fiducia non solo facilita la cooperazione, ma crea anche un ambiente sicuro in cui le persone sono disposte a mettersi in gioco, ad assumersi rischi e a collaborare in modo proficuo. Allo stesso tempo, la reciprocità, che implica uno scambio equilibrato e continuativo di favori e risorse, arricchisce la relazione e ne garantisce la sostenibilità nel tempo.

La fiducia, intesa come la convinzione che l'altro agirà in modo coerente, affidabile e rispettoso, è alla base di ogni interazione sociale significativa. Quando si crea un rapporto di fiducia, le persone sono più inclini a condividere informazioni, risorse e supporto, sapendo che l'altro non sfrutterà la situazione a proprio vantaggio. Questo si traduce in una maggiore apertura e collaborazione, che a sua volta aumenta le probabilità di successo in qualsiasi ambito, che sia personale, professionale o sociale. La fiducia non è, tuttavia, un elemento che si conquista facilmente. Essa si costruisce nel tempo attraverso azioni concrete, coerenza tra parole e comportamenti, e la disponibilità a rispettare gli impegni presi. Ogni violazione della fiducia, anche se minore, può minare la solidità di una relazione, rendendo difficoltoso il recupero di un legame che sia genuinamente efficace.

La reciprocità, da parte sua, si basa sulla legge del dare e ricevere, un principio che sottende la maggior parte delle relazioni umane. La reciproca disponibilità a offrire aiuto, supporto e risorse crea un ciclo virtuoso che rinforza le connessioni tra le persone. L'essenza della reciprocità risiede nel fatto che il valore delle relazioni non deriva dall'attesa di un vantaggio immediato o esclusivo, ma dalla creazione di un flusso continuo di scambi che, nel tempo, arricchisce entrambe le parti coinvolte. Quando una persona riceve qualcosa di utile o significativo, la sua tendenza naturale è quella di restituire il favore, creando così un legame che si rafforza progressivamente. Questo tipo di dinamica porta non solo a vantaggi tangibili, ma anche alla costruzione di una rete solida e coesa, in cui ognuno si sente valorizzato e motivato a contribuire al successo collettivo.

La fiducia e la reciprocità sono due forze che si alimentano reciprocamente. Una rete di supporto efficace, infatti, è caratterizzata dalla circolazione continua di fiducia e benefici tra i suoi membri. Più una persona si dimostra affidabile e pronta a ricambiare, più gli altri saranno disposti a investire tempo, risorse e fiducia in essa. La fiducia, sebbene sia un elemento di base, non è sufficiente da sola per garantire una relazione duratura: è la reciprocità che ne assicura la continuità nel tempo. La mancanza di uno dei due fattori compromette la stabilità e la forza del legame. Se, ad esempio, una delle due parti smette di dare, l'intera relazione potrebbe risentirne, generando squilibri che portano all'indebolimento del rapporto.

Una delle sfide più difficili nelle relazioni interpersonali è la gestione dell'asimmetria tra le parti. Sebbene la reciprocità sia l'ideale in molte situazioni, non sempre il dare e il ricevere avviene in modo perfettamente bilanciato. In alcuni casi, una parte potrebbe dare più di quanto riceva, mentre in altri potrebbe accadere il contrario. Tuttavia, la chiave per mantenere una relazione sana in presenza di queste asimmetrie è la comunicazione. È fondamentale che le persone coinvolte si esprimano apertamente riguardo le proprie esigenze, aspettative e percezioni, in modo che il flusso di scambi possa essere correttamente bilanciato e il rapporto non si frantumi per malintesi. La comunicazione trasparente è un elemento fondamentale per la gestione della fiducia e della reciprocità, poiché consente di evitare risentimenti e conflitti che potrebbero compromettere la relazione.

Inoltre, l'efficacia della reciprocità non è solo una questione di quantità, ma anche di qualità degli scambi. L'essenza della reciprocità strategica risiede nel fare scelte ponderate e autentiche riguardo a cosa e come dare. Non tutte le forme di supporto sono uguali; ciò che viene offerto dovrebbe essere pertinente e significativo per la persona che lo riceve. Offrire aiuto, informazioni o risorse che non rispondono alle necessità dell'altro, sebbene ben intenzionato, rischia di non generare il tipo di reciprocità che si spera. Allo stesso modo, un favore ricevuto deve essere interpretato come un impegno a ricambiare in modo che l'altro percepisca il gesto come sincero e apprezzato, piuttosto che come un mero dovere.

La fiducia e la reciprocità non solo arricchiscono le relazioni personali, ma sono anche fondamentali nelle dinamiche professionali, politiche e sociali. Nel contesto aziendale, ad esempio, la fiducia tra leader e collaboratori, tra colleghi e tra partner commerciali è essenziale per il successo e la sostenibilità delle operazioni. Analogamente, nelle strategie politiche e sociali, la fiducia tra elettori e rappresentanti, così come la reciprocità tra le diverse forze in gioco, è una delle chiavi per garantire la stabilità e la crescita di una società. La fiducia e la reciprocità sono dunque due concetti universali che permeano tutte le sfere della vita sociale, contribuendo a plasmare le dinamiche di potere, influenza e cooperazione tra gli individui e i gruppi.

In sintesi, la fiducia e la reciprocità costituiscono le fondamenta su cui si costruiscono e si mantengono le relazioni strategiche di successo. La fiducia permette di stabilire legami genuini e sicuri, mentre la reciprocità garantisce che tali legami si rafforzino e si perpetuino nel tempo. Quando queste due dinamiche si incontrano e si rinforzano reciprocamente, si crea un sistema di scambi che non solo aiuta a superare le sfide, ma rende possibile l'accesso a risorse, opportunità e vantaggi che altrimenti sarebbero difficili da ottenere. La loro gestione strategica, quindi, è essenziale per il raggiungimento di obiettivi a lungo termine e per il successo in qualsiasi contesto sociale, professionale e personale.

Parte III: Perfezionare la Strategia

Dopo aver esplorato i fondamenti teorici e le applicazioni pratiche della strategia, è necessario intraprendere un ulteriore passo: perfezionare l'arte strategica. La vera maestria non si limita alla comprensione dei principi o alla loro implementazione nelle circostanze più immediate. Essa si manifesta nella capacità di elevare la strategia da un insieme di pratiche funzionali a una dimensione di eccellenza, dove l'azione non è solo efficace ma anche raffinata, adattabile e creativa.

Perfezionare la strategia significa abbandonare la rigidità del pensiero lineare e abbracciare una mentalità che sia al tempo stesso analitica e intuitiva, metodica e innovativa. Significa riconoscere che la strategia non è mai definitiva, ma sempre in evoluzione, plasmata da nuovi dati, nuove sfide e nuove opportunità. La capacità di perfezionare la strategia richiede non solo competenze tecniche e intellettuali, ma anche consapevolezza emotiva e capacità di lettura delle dinamiche più sottili che regolano le interazioni umane e ambientali.

In questa terza parte, ci addentreremo negli aspetti più sofisticati e complessi della strategia, ponendo l'accento sull'arte dell'adattamento continuo, sull'importanza del feedback e della revisione costante, e sulla costruzione di modelli strategici che siano al tempo stesso robusti e flessibili. Analizzeremo il ruolo della creatività come strumento per superare le convenzioni e trovare soluzioni inedite, così come il valore della riflessione critica per identificare e correggere le lacune nelle proprie strategie.

Inoltre, esploreremo l'impatto della leadership strategica, che rappresenta l'elemento cardine per trasformare una visione in realtà. La capacità di ispirare e guidare altri lungo un percorso complesso e incerto è ciò che distingue il semplice stratega dal leader strategico, in grado di combinare efficacemente analisi razionale, carisma e intuito.

Infine, tratteremo il tema dell'etica nella strategia, un aspetto spesso trascurato ma di cruciale importanza. In un mondo sempre più interconnesso e complesso, ogni decisione strategica ha ripercussioni che vanno ben oltre il contesto immediato, influenzando comunità, ambienti e relazioni globali. Per questo motivo, il perfezionamento della strategia non può prescindere da una riflessione sulle responsabilità che derivano dall'esercizio del potere strategico.

Questa sezione del libro non offre risposte definitive, ma strumenti per affinare il pensiero e l'azione strategica. È un invito a vedere la strategia come un processo dinamico e in continua crescita, in cui l'apprendimento, la sperimentazione e la revisione costante sono le vere chiavi per il successo duraturo.

La leadership strategica

Come guidare team e organizzazioni verso obiettivi ambiziosi

La leadership strategica rappresenta una delle competenze più complesse e rilevanti per chiunque aspiri a raggiungere obiettivi ambiziosi, sia a livello personale che organizzativo. Non si tratta semplicemente di gestire risorse o supervisionare processi, ma di plasmare visioni a lungo termine e trasformarle in realtà attraverso un equilibrio magistrale tra ispirazione e pragmatismo. Un leader strategico è colui che riesce a costruire un ponte tra il presente e un futuro desiderato, mobilitando energie collettive e navigando attraverso l'incertezza con lucidità e determinazione.

La guida strategica richiede, innanzitutto, una profonda comprensione degli obiettivi finali. La capacità di delineare una visione chiara e convincente è il primo passo per ottenere l'adesione dei membri del team o dell'organizzazione. Questa visione deve essere sufficientemente ambiziosa da stimolare il coinvolgimento emotivo, ma anche concreta e raggiungibile, in modo da evitare che si perda in un'astrazione irrealistica. L'abilità di comunicare tale visione in modo efficace, utilizzando un linguaggio che risuoni con le esperienze e le aspirazioni di chi ascolta, è essenziale per creare un senso condiviso di scopo.

Tuttavia, la visione da sola non basta. La leadership strategica implica anche la capacità di costruire una strategia coerente che traduca la visione in azioni tangibili. Questo richiede un approccio strutturato e sistematico per identificare le risorse necessarie, le priorità strategiche e i passi intermedi che consentiranno di avanzare verso l'obiettivo. Un leader strategico deve essere in grado di individuare le opportunità nel contesto e sfruttarle a vantaggio della propria squadra o organizzazione, adattandosi con agilità ai cambiamenti inevitabili che emergono lungo il percorso.

Un altro elemento cruciale della leadership strategica è la gestione delle persone. Guidare un team verso obiettivi ambiziosi non significa solo assegnare compiti o monitorare le performance, ma anche creare un ambiente in cui i membri del gruppo si sentano valorizzati, motivati e sostenuti. La capacità di comprendere le dinamiche interpersonali, di favorire la collaborazione e di risolvere i conflitti in modo costruttivo è indispensabile per mantenere il morale alto e garantire che tutti lavorino in sinergia. Inoltre, un leader strategico deve sapere bilanciare il focus sugli obiettivi di lungo termine con l'attenzione ai bisogni e alle preoccupazioni immediate del proprio team, dimostrando empatia e sensibilità.

La leadership strategica richiede anche una spiccata capacità di decision-making. In un contesto caratterizzato da complessità e incertezza, un leader deve essere in grado di prendere decisioni difficili, spesso basandosi su informazioni incomplete o ambigue. Questo implica non solo un'analisi rigorosa delle alternative disponibili, ma anche il coraggio di assumersi rischi calcolati e di accettare la responsabilità per le conseguenze delle proprie scelte. La fiducia nelle proprie capacità di giudizio e la disponibilità a correggere la rotta quando necessario sono tratti distintivi di un leader strategico efficace.

Un ulteriore aspetto da considerare è l'importanza del tempo. La leadership strategica non opera esclusivamente nel presente; si proietta costantemente verso il futuro. Questo richiede una gestione sapiente delle tempistiche: saper riconoscere quando è il momento di agire e quando, invece, è più opportuno attendere, osservare o raccogliere ulteriori informazioni. La pazienza e la lungimiranza sono qualità indispensabili per mantenere il controllo in situazioni di alta pressione e per garantire che ogni azione sia allineata alla strategia complessiva.

Infine, la leadership strategica deve essere permeata da un forte senso di integrità. La credibilità di un leader è il suo bene più prezioso, e questa si costruisce attraverso la coerenza tra le parole e le azioni, il rispetto per i valori fondamentali e l'impegno a perseguire il bene comune. In un mondo in cui la fiducia nelle istituzioni e nelle figure di autorità è spesso messa in discussione, un leader strategico deve essere un esempio di trasparenza, responsabilità ed equità.

In sintesi, la leadership strategica è una combinazione unica di visione, competenza tecnica, sensibilità umana e determinazione. È la capacità di ispirare e dirigere, di pianificare e agire, di ascoltare e decidere. In un panorama sempre più complesso e competitivo, essa rappresenta non solo un vantaggio, ma una necessità per chiunque desideri guidare con successo team e organizzazioni verso traguardi ambiziosi e duraturi.

Il ruolo del leader come visionario e motivatore

Il leader strategico non è semplicemente un amministratore di risorse o un esecutore di compiti pianificati. La sua funzione primaria risiede nella capacità di incarnare una visione chiara, di comunicarla in modo efficace e di galvanizzare gli individui e i gruppi intorno a un obiettivo comune. Questa combinazione di visione e motivazione non è un compito accessorio, ma il nucleo stesso della leadership strategica, senza il quale nessuna strategia, per quanto ben elaborata, può sperare di essere implementata con successo.

Essere un visionario significa guardare oltre l'immediato e il tangibile, immaginando un futuro possibile che gli altri non riescono ancora a vedere. Questo tipo di lungimiranza non si limita alla creazione di obiettivi astratti, ma si radica in una profonda comprensione del contesto, delle opportunità e delle sfide. Il leader visionario è in grado di percepire i cambiamenti emergenti, identificare i rischi potenziali e anticipare le dinamiche che modellano l'ambiente in cui opera. La sua visione diventa così una bussola, un punto di riferimento che guida il percorso strategico e offre chiarezza anche nei momenti di maggiore incertezza.

La comunicazione di questa visione rappresenta il secondo pilastro della leadership strategica. Una visione non condivisa è sterile; deve essere trasmessa con passione, chiarezza e coerenza. Il leader visionario sa adattare il proprio messaggio ai diversi interlocutori, rendendo la visione rilevante e comprensibile per ciascuno di essi. Questo non significa manipolare, ma ispirare. Una visione ben comunicata non impone il consenso, ma lo suscita, creando un senso di appartenenza e un impegno autentico verso l'obiettivo comune.

Parallelamente, il leader strategico agisce come motivatore, coltivando il potenziale umano e trasformando l'inerzia in azione. Motivare significa molto più che offrire incentivi esterni o premi materiali; significa toccare le corde profonde dell'identità e dei valori delle persone. Il leader motivatore riconosce che ogni individuo è mosso da aspirazioni personali e bisogni unici, e utilizza questa conoscenza per creare connessioni significative tra la visione strategica e le motivazioni personali.

La motivazione efficace passa anche attraverso la valorizzazione delle capacità individuali. Il leader strategico sa individuare i punti di forza e le aree di miglioramento di ciascun membro del team, offrendo opportunità di crescita e di realizzazione personale. Questo non solo rafforza l'impegno, ma favorisce anche lo sviluppo di una squadra coesa e resiliente, capace di affrontare le sfide con determinazione e creatività.

Un altro aspetto cruciale del ruolo motivazionale del leader è la gestione dell'energia emotiva del gruppo. Nei momenti di difficoltà, quando gli ostacoli sembrano insormontabili e il morale rischia di crollare, il leader funge da ancora, trasmettendo calma e sicurezza. Al contrario, nei momenti di successo, è il leader a celebrare i risultati, trasformando i traguardi raggiunti in trampolini per ambizioni ancora più grandi.

Infine, il leader visionario e motivatore comprende che la sua influenza non è limitata al tempo presente. Le decisioni e le azioni che ispira lasciano un'impronta che si estende ben oltre l'orizzonte immediato, modellando il futuro dell'organizzazione e delle persone che ne fanno parte. In questo senso, il leader strategico opera non solo per raggiungere obiettivi specifici, ma per costruire una cultura della visione e della motivazione che continui a prosperare anche in sua assenza.

In conclusione, il ruolo del leader come visionario e motivatore è un elemento essenziale per il successo strategico. È attraverso la combinazione di lungimiranza, comunicazione efficace e attenzione al capitale umano che il leader strategico può trasformare un piano teorico in una realtà vibrante e sostenibile. Questo ruolo, pur complesso e impegnativo, rappresenta la vera essenza della leadership strategica, unendo l'arte dell'ispirazione con la scienza della gestione.

Innovazione strategica: pensare fuori dagli schemi

Creare nuove opportunità in mercati saturi

L'innovazione strategica è il processo attraverso il quale le organizzazioni ridefiniscono il proprio posizionamento, il loro modello operativo o i loro prodotti e servizi per emergere in contesti altamente competitivi o saturi. Pensare fuori dagli schemi non è un'opzione accessoria, ma una necessità per coloro che aspirano a prosperare in un mondo in continua evoluzione. Questo approccio non si limita alla creazione di novità; rappresenta un cambio di paradigma, un invito a vedere le realtà consolidate da prospettive radicalmente diverse.

In mercati saturi, le opportunità tradizionali di crescita spesso si riducono, e le aziende che si limitano a seguire le regole del gioco rischiano di essere superate da concorrenti più audaci. L'innovazione strategica offre una via d'uscita da questa impasse, sfidando le convenzioni esistenti e aprendo spazi inesplorati. Per riuscirci, è essenziale abbandonare i modelli mentali rigidi e adottare una mentalità di esplorazione. Ciò richiede una combinazione di creatività e disciplina analitica, capace di generare soluzioni originali senza perdere di vista le esigenze concrete del mercato e degli stakeholder.

Una delle chiavi per l'innovazione strategica è l'identificazione delle inefficienze o dei bisogni insoddisfatti. Spesso, nei mercati saturi, le offerte esistenti rispondono solo in parte alle reali necessità dei consumatori, lasciando spazi per nuove soluzioni che ridefiniscano gli standard. Un esempio paradigmatico è rappresentato dall'introduzione di modelli di business che trasformano i vincoli in opportunità: l'accesso ai servizi, invece del possesso, o la personalizzazione di massa sono solo alcune delle rivoluzioni possibili.

Ma l'innovazione strategica non si limita al prodotto o al servizio. Anche i processi interni e il modello organizzativo possono diventare terreno fertile per il cambiamento. Le organizzazioni che adottano strutture più agili, decentralizzate o orientate alla collaborazione interfunzionale spesso scoprono nuove modalità di creare valore. Inoltre, l'analisi dei dati, l'adozione di tecnologie emergenti e l'esplorazione di partnership inaspettate rappresentano ulteriori catalizzatori di trasformazione.

L'innovazione strategica implica, tuttavia, un certo grado di rischio. Uscire dai confini della norma può condurre a sperimentazioni fallimentari o resistenze interne ed esterne. Per questo motivo, è cruciale che le organizzazioni sviluppino un ambiente che favorisca il pensiero divergente e che, al tempo stesso, incoraggi la valutazione critica delle idee. I leader devono promuovere una cultura in cui l'errore venga percepito come un'opportunità di apprendimento e non come una minaccia alla stabilità.

In un contesto di mercati saturi, dove l'attenzione del consumatore è limitata e la competizione è feroce, l'innovazione strategica diventa uno strumento indispensabile non solo per differenziarsi, ma per ridefinire le regole del gioco. Le organizzazioni che riescono a innovare strategicamente non sono semplicemente reattive; sono proattive, capaci di anticipare i trend e di guidare il cambiamento. È questa capacità di visione e azione che separa i leader dai seguaci, trasformando le sfide di un mercato saturo in opportunità di crescita straordinaria.

In definitiva, l'innovazione strategica non è solo una tecnica o un processo: è un'attitudine, un impegno costante verso il miglioramento e la trasformazione. Per coloro che la praticano con rigore e audacia, essa rappresenta una fonte inesauribile di vantaggi competitivi, aprendo la strada a nuove possibilità anche nei contesti più complessi e apparentemente stagnanti.

Strategia e tecnologia: il futuro dell'innovazione

La tecnologia, nelle sue infinite declinazioni, rappresenta oggi il principale motore di cambiamento per le organizzazioni e le società. La sua integrazione con la strategia non è più una scelta opzionale, ma una necessità imperativa per chiunque voglia mantenere la propria rilevanza in un mondo in continua evoluzione. Comprendere come sfruttare la tecnologia per potenziare la propria strategia è essenziale per navigare le complessità del presente e anticipare le sfide del futuro.

La relazione tra strategia e tecnologia non è lineare né unidirezionale. La tecnologia, infatti, non si limita a essere un supporto alle decisioni strategiche; essa ridefinisce i confini stessi del pensabile e dell'ottenibile. Nuove tecnologie emergenti aprono spazi inesplorati, creano mercati inediti e trasformano radicalmente le aspettative dei consumatori e le dinamiche competitive. Tuttavia, per evitare che la tecnologia diventi un fine anziché un mezzo, è fondamentale inserirla in un contesto strategico chiaro, dove le decisioni sono guidate da obiettivi a lungo termine piuttosto che da entusiasmi passeggeri.

Un elemento cruciale dell'interazione tra strategia e tecnologia è la capacità di anticipare l'evoluzione tecnologica e il suo impatto. Ciò richiede una combinazione di previsione, sperimentazione e adattamento continuo. Le organizzazioni che riescono a identificare precocemente le tecnologie potenzialmente dirompenti possono posizionarsi come pionieri, mentre quelle che tardano a reagire rischiano di essere superate da concorrenti più agili. La capacità di innovare strategicamente utilizzando la tecnologia, tuttavia, non si limita alla mera adozione; implica la creazione di ecosistemi che favoriscano l'adozione rapida e l'integrazione fluida delle innovazioni.

La tecnologia, inoltre, amplifica la portata e l'efficacia degli strumenti analitici disponibili per i leader strategici. L'analisi dei dati, potenziata dall'intelligenza artificiale e dal machine learning, consente di esplorare relazioni complesse, identificare tendenze nascoste e prendere decisioni informate in tempo reale. Tuttavia, questa capacità non deve essere confusa con l'automatismo: il ruolo umano, con il suo giudizio e la sua intuizione, rimane centrale per trasformare le informazioni in azioni strategiche significative.

La strategia tecnologica implica anche la capacità di bilanciare il potenziale di crescita con la gestione dei rischi. L'avanzamento tecnologico porta con sé sfide etiche, legali e operative. La cybersecurity, la protezione dei dati e la sostenibilità sono solo alcune delle questioni che i leader devono affrontare per garantire che l'adozione della tecnologia avvenga in modo responsabile e conforme ai principi etici e alle normative vigenti.

Infine, la tecnologia non solo cambia il modo in cui le organizzazioni operano, ma influenza anche la loro cultura. Un ambiente tecnologicamente avanzato richiede nuove competenze, una maggiore apertura all'apprendimento continuo e una mentalità orientata al cambiamento. I leader strategici devono quindi assumere il ruolo di agenti di trasformazione, guidando le loro organizzazioni attraverso i complessi processi di transizione tecnologica e culturale.

In conclusione, il futuro dell'innovazione si trova all'intersezione tra strategia e tecnologia. Coloro che sapranno unire la visione strategica alla potenza trasformativa della tecnologia non solo saranno in grado di affrontare con successo le sfide del presente, ma definiranno le regole del gioco per le generazioni a venire. In questo contesto, la tecnologia non è solo un supporto operativo, ma un catalizzatore di nuovi paradigmi strategici, un alleato indispensabile per chiunque aspiri a costruire un futuro sostenibile, competitivo e innovativo.

Misurare e adattare la strategia

Valutare risultati e correggere gli errori

La misurazione e l'adattamento della strategia rappresentano due pilastri fondamentali per il successo duraturo di qualsiasi organizzazione o iniziativa. Una strategia, per quanto ben concepita, non è mai un'entità statica; essa opera in un contesto dinamico, in cui variabili interne ed esterne cambiano continuamente, influenzando le condizioni di attuazione. La capacità di valutare i risultati e correggere gli errori è ciò che distingue un approccio strategico efficace da uno destinato al fallimento.

La misurazione della strategia richiede l'identificazione di metriche significative, capaci di riflettere non solo i risultati immediati, ma anche i progressi verso obiettivi a lungo termine. Queste metriche non devono essere scelte arbitrariamente; devono rispecchiare le priorità strategiche dell'organizzazione e fornire una visione chiara delle sue prestazioni. Le misurazioni puramente quantitative, come i ricavi o la quota di mercato, sono certamente utili, ma spesso devono essere integrate con indicatori qualitativi che offrono una comprensione più profonda delle dinamiche sottostanti.

Un elemento cruciale nella valutazione della strategia è il confronto tra i risultati ottenuti e le aspettative originarie. Questo processo, noto come analisi degli scostamenti, consente di identificare le aree in cui la strategia ha funzionato bene e quelle in cui non ha prodotto gli effetti desiderati. Tuttavia, tale analisi deve essere condotta con attenzione: non tutti gli scostamenti indicano un fallimento, così come non tutti i risultati positivi derivano necessariamente da decisioni strategiche corrette. L'obiettivo è distinguere tra ciò che è sotto il controllo dell'organizzazione e ciò che dipende da fattori esterni, al fine di formulare giudizi equilibrati e informati.

L'adattamento della strategia è un processo che richiede non solo capacità analitiche, ma anche una forte dose di agilità e flessibilità. Correggere gli errori non significa abbandonare i propri obiettivi, bensì rivedere i percorsi scelti per raggiungerli. Questo può comportare l'introduzione di nuove iniziative, l'abbandono di progetti che non producono valore o il riallineamento delle risorse verso priorità emergenti. Tuttavia, ogni modifica deve essere guidata da una comprensione chiara dei fattori che hanno contribuito al gap tra aspettative e risultati.

Un altro aspetto fondamentale è il monitoraggio continuo del contesto in cui opera la strategia. Le condizioni di mercato, i cambiamenti normativi, le evoluzioni tecnologiche e le mutazioni nei comportamenti dei consumatori sono solo alcuni dei fattori che possono richiedere un ripensamento strategico. Ignorare questi segnali equivale a navigare alla cieca, esponendo l'organizzazione a rischi evitabili.

È importante sottolineare che l'adattamento della strategia non deve essere confuso con un approccio reattivo o impulsivo. Al contrario, esso richiede una visione chiara e una pianificazione rigorosa, per garantire che ogni cambiamento apportato sia coerente con la visione di lungo termine. Gli errori, inevitabili in qualsiasi processo strategico, devono essere visti non come fallimenti, ma come opportunità di apprendimento. Una cultura organizzativa che incoraggia il confronto aperto e l'analisi critica è fondamentale per trasformare gli errori in miglioramenti.

In ultima analisi, la capacità di misurare e adattare la strategia è ciò che consente alle organizzazioni di sopravvivere e prosperare in un mondo caratterizzato da incertezza e complessità. Non esiste una strategia perfetta; esiste solo una strategia che evolve costantemente, guidata da dati concreti, intuizioni profonde e un impegno incessante verso l'eccellenza. Chi padroneggia l'arte della valutazione e dell'adattamento non solo migliora le proprie prestazioni, ma costruisce anche la resilienza necessaria per affrontare qualsiasi sfida.

La resilienza strategica in tempi di crisi

In tempi di crisi, la resilienza strategica emerge come una delle qualità più preziose per individui, organizzazioni e sistemi. La crisi, per sua natura, mette a dura prova la stabilità delle strutture esistenti e sfida le assunzioni fondamentali che guidano le decisioni. In questo contesto, la resilienza strategica non è semplicemente la capacità di resistere agli urti, ma quella di adattarsi, reinventarsi e persino prosperare nonostante le avversità.

La resilienza strategica si fonda innanzitutto sulla preparazione. Nessuna crisi è completamente prevedibile, ma un approccio strategico ben concepito include la capacità di immaginare scenari diversi e di pianificare risposte adeguate. Questo processo, noto come STRATEGIC FORESIGHT, richiede un'analisi attenta delle tendenze emergenti, dei segnali deboli e dei rischi potenziali, combinata con la flessibilità necessaria per adattare i piani quando le circostanze cambiano. Le organizzazioni resilienti investono tempo e risorse nella costruzione di sistemi che consentano una risposta rapida ed efficace, anche in presenza di incertezze.

Un altro elemento chiave della resilienza strategica è la capacità di mantenere la coerenza tra visione e azione, anche nei momenti più difficili. La crisi spesso spinge a decisioni rapide e reattive, ma una strategia resiliente evita di cadere nell'impulsività. Invece, cerca di preservare un senso di continuità e direzione, assicurandosi che ogni risposta sia allineata agli obiettivi di lungo termine. Questo richiede una leadership forte, capace di trasmettere fiducia, ispirare e guidare attraverso l'incertezza.

La flessibilità, tuttavia, è altrettanto fondamentale. In tempi di crisi, strategie rigide rischiano di diventare obsolete rapidamente, mentre un approccio adattivo permette di reagire alle nuove circostanze con agilità. La resilienza strategica implica un equilibrio sottile tra aderenza ai principi fondamentali e disponibilità a rivedere i dettagli operativi. Ciò si traduce nella capacità di ridistribuire risorse, ridefinire priorità e persino cambiare direzione senza perdere di vista la meta finale.

La gestione delle risorse è un altro aspetto cruciale della resilienza strategica. Le crisi, spesso caratterizzate da scarsità di risorse e instabilità, richiedono una gestione oculata e creativa. Le organizzazioni resilienti sanno ottimizzare ciò che hanno, cercando al contempo di diversificare le loro fonti di approvvigionamento e creare margini di sicurezza. Questa gestione proattiva delle risorse consente non solo di superare le difficoltà immediate, ma anche di costruire una base solida per la ripresa.

Infine, la resilienza strategica si nutre di apprendimento continuo. Ogni crisi offre lezioni preziose, che possono essere utilizzate per rafforzare le strategie future. Le organizzazioni e i leader resilienti adottano un approccio riflessivo, analizzando i propri successi e fallimenti per identificare opportunità di miglioramento. Questa mentalità di crescita consente di trasformare le difficoltà in occasioni per innovare e rafforzarsi, creando un ciclo virtuoso di miglioramento costante.

In sintesi, la resilienza strategica non è un tratto innato, ma una competenza che può essere sviluppata e perfezionata. Essa combina preparazione, coerenza, flessibilità, gestione efficace delle risorse e apprendimento continuo, offrendo un modello per navigare le sfide più impegnative. In un mondo sempre più imprevedibile, la capacità di resistere e adattarsi alle crisi non è solo una necessità, ma una delle forme più alte di strategia.

Casi pratici di successo strategico

Esempi reali da ambiti diversi: militare, aziendale e personale

La strategia, in ogni ambito, trova la sua massima espressione nell'azione consapevole e mirata, capace di trasformare circostanze sfavorevoli in opportunità di successo. Attraverso esempi pratici, possiamo osservare come l'applicazione di principi strategici sia stata determinante nel superare sfide e raggiungere obiettivi ambiziosi.

Ambito militare: la gestione del tempo e dello spazio

Uno dei casi più noti di successo strategico nel campo militare si basa sull'utilizzo magistrale di tempo e spazio. In una campagna particolarmente difficile, un comandante si trovò in netto svantaggio numerico e logistico rispetto al nemico. La scelta strategica non fu quella di confrontarsi frontalmente, ma di utilizzare il terreno a proprio vantaggio, rallentando l'avanzata nemica attraverso una serie di ritirate tattiche e imboscate mirate.

Questa strategia, apparentemente passiva, era invece estremamente attiva nella gestione delle risorse e delle energie. Mentre il nemico si indeboliva nel tentativo di inseguire, il comandante strategico rafforzava le proprie forze attraverso alleanze e riorganizzazioni. Alla fine, grazie a un intervento mirato in un momento chiave, riuscì a ottenere una vittoria decisiva. Questo esempio dimostra come la flessibilità e la capacità di vedere oltre l'immediato possano ribaltare situazioni di svantaggio.

Ambito aziendale: l'ingresso in un mercato saturo

Nel contesto aziendale, un'organizzazione si trovò a competere in un mercato considerato saturo, dove i principali attori dominavano da tempo. Invece di sfidare direttamente i leader del settore, la strategia adottata fu quella di identificare una nicchia poco servita, offrendo un prodotto che rispondesse a esigenze specifiche non ancora soddisfatte.

L'organizzazione concentrò le sue risorse su un'analisi approfondita dei bisogni dei consumatori trascurati, sviluppando soluzioni innovative e personalizzate. Grazie a questa scelta, non solo riuscì a differenziarsi dalla concorrenza, ma anche a guadagnare una base fedele di clienti, che divennero ambasciatori spontanei del prodotto. Con il tempo, questa iniziale conquista di nicchia aprì la strada a un'espansione in mercati più ampi, consolidando una posizione stabile e redditizia. Questo esempio sottolinea l'importanza dell'analisi strategica e della creatività nel trovare nuove opportunità anche in contesti apparentemente statici.

Ambito personale: la pianificazione della carriera

In un caso personale, un individuo affrontava un dilemma professionale: rimanere in una posizione confortevole ma stagnante o rischiare un cambiamento verso un campo completamente nuovo. Invece di prendere una decisione impulsiva, l'individuo scelse di applicare una strategia a lungo termine.

Attraverso una valutazione onesta dei propri punti di forza e debolezze, combinata con un'analisi delle opportunità nel settore desiderato, iniziò a investire in formazione e networking. Senza lasciare immediatamente la posizione esistente, costruì gradualmente le competenze e le connessioni necessarie per il cambiamento. Dopo alcuni anni di preparazione strategica, fu in grado di effettuare la transizione con successo, entrando nel nuovo campo non come principiante, ma come professionista già rispettato e competente.

Questo caso dimostra come la strategia personale richieda pazienza, consapevolezza e una chiara definizione degli obiettivi. La capacità di pianificare con lungimiranza e di costruire progressivamente le basi per il successo si rivela fondamentale per affrontare scelte difficili e ambiziose.

Questi esempi evidenziano come la strategia, quando applicata con rigore e creatività, possa trasformare situazioni complesse in opportunità di successo. Che si tratti di gestire eserciti, affrontare mercati competitivi o ridefinire il proprio percorso personale, i principi strategici rimangono universali. Essi richiedono una combinazione di analisi, intuizione, adattabilità e azione mirata, caratteristiche che accomunano tutti i leader e le organizzazioni che lasciano un segno duraturo.

Lezioni apprese da strategie fallimentari

Non tutte le strategie portano al successo. Al contrario, i fallimenti strategici offrono spesso lezioni preziose, illuminando errori comuni che, se evitati, possono migliorare significativamente le probabilità di successo futuro. Comprendere le cause di tali insuccessi aiuta a sviluppare un approccio più solido, consapevole e resiliente alla pianificazione e all'implementazione delle strategie.

Eccessiva rigidità

Un errore ricorrente nelle strategie fallimentari è l'eccessiva rigidità. Un piano strategico ben concepito deve essere capace di adattarsi alle circostanze mutevoli, ma in molti casi si osserva un'incapacità di modificare rotta anche quando le evidenze indicano chiaramente la necessità di un cambiamento.

Ad esempio, una grande campagna militare fu compromessa dalla decisione di attenersi rigidamente a un piano iniziale, nonostante il nemico avesse mutato tattiche e posizionamento. L'incapacità di riconoscere l'evoluzione dello scenario portò a una catastrofe evitabile. Questo insegna l'importanza della flessibilità come parte integrante di qualsiasi strategia e la necessità di monitorare continuamente il contesto per apportare modifiche tempestive.

Sottovalutazione del contesto

Molte strategie falliscono perché non considerano adeguatamente le variabili esterne. L'analisi incompleta del contesto può derivare da un eccessivo ottimismo, dalla mancanza di dati accurati o da un'errata interpretazione delle dinamiche ambientali.

Un caso emblematico si riscontra nel lancio di iniziative ambiziose senza una piena comprensione delle condizioni del mercato o delle aspettative degli stakeholder. Questo errore ha portato molte organizzazioni a subire perdite significative. La lezione qui è chiara: ogni strategia deve essere costruita su una base di conoscenze solide, ottenute attraverso un'analisi accurata del contesto e dei fattori esterni.

Overconfidence e sottostima del rischio

L'eccessiva fiducia nelle proprie capacità strategiche è un'altra causa comune di fallimento. In alcune situazioni, decisioni rischiose vengono prese senza un'adeguata pianificazione delle contromisure, dando per scontato che il successo sia garantito.

Un esempio classico è l'espansione aggressiva in nuovi mercati senza considerare le complessità culturali, legali o logistiche. Tale presunzione ha portato numerosi attori a ritirarsi con gravi perdite economiche e di reputazione. Questa lezione evidenzia l'importanza di una valutazione equilibrata del rischio e della costruzione di strategie che includano opzioni di emergenza per affrontare imprevisti.

Comunicazione inefficace

La strategia più brillante può fallire se non viene comunicata in modo chiaro e convincente ai soggetti coinvolti. La mancanza di trasparenza, un linguaggio poco accessibile o una comunicazione frammentata possono generare confusione, resistenza e malintesi.

Un esempio di questo errore è rappresentato da una grande trasformazione organizzativa che non fu accompagnata da un'adeguata comunicazione ai dipendenti. La mancata condivisione degli obiettivi e delle motivazioni portò a un clima di sfiducia e alla perdita di talenti chiave. Questo dimostra che il coinvolgimento degli stakeholder è essenziale per il successo di una strategia, e che la comunicazione deve essere trattata come una componente fondamentale del processo strategico.

Eccessiva complessità

Un altro motivo frequente di fallimento strategico è l'elaborazione di piani eccessivamente complessi, che risultano difficili da comprendere e implementare. La complessità, se non gestita, può paralizzare l'azione e creare inefficienze.

Un esempio si riscontra nei progetti che prevedono una molteplicità di obiettivi e metriche, senza una chiara definizione delle priorità. Questo porta spesso a una dispersione di risorse e a risultati inferiori alle aspettative. La semplicità, invece, consente una migliore comprensione e un'esecuzione più efficace.

Lezioni chiave

I fallimenti strategici evidenziano alcune lezioni fondamentali: la necessità di flessibilità, di una comunicazione efficace, di una valutazione approfondita del contesto, e di un approccio equilibrato al rischio. Essi sottolineano anche l'importanza di costruire strategie accessibili e realistiche, capaci di adattarsi al cambiamento e di evolversi in base alle necessità emergenti.

Affrontare gli errori con spirito di apprendimento è il segreto per trasformare un fallimento in un trampolino verso un successo duraturo. In definitiva, non è l'assenza di errori che definisce una strategia vincente, ma la capacità di riconoscerli, affrontarli e crescere attraverso di essi.

Conclusioni

La sintesi del pensiero strategico

La strategia rappresenta uno dei pilastri fondamentali della vita umana, intrecciando razionalità e intuizione, analisi e creatività, pianificazione e azione. È il risultato di una complessa interazione tra capacità di osservazione, comprensione profonda delle dinamiche di un contesto, e la volontà di influenzare gli eventi in modo consapevole. La sua essenza risiede nell'abilità di concepire un percorso che, partendo da una visione chiara degli obiettivi, consenta di navigare attraverso incertezze, ostacoli e sfide.

Nel corso di questo libro abbiamo esplorato i principi fondanti, le applicazioni pratiche e i processi di perfezionamento della strategia. Ciò che emerge è che il pensiero strategico non si limita all'elaborazione di piani, ma si estende alla capacità di adattarsi e rispondere in modo efficace a circostanze in costante evoluzione. La strategia è un esercizio di equilibrio tra il presente e il futuro, tra ciò che si conosce e ciò che si può solo intuire, tra la gestione delle risorse attuali e l'investimento nella costruzione di nuove opportunità.

Un elemento centrale che attraversa ogni dimensione della strategia è il tempo. La strategia guarda avanti, ma lo fa senza trascurare l'urgenza del presente. È una disciplina che richiede pazienza, lungimiranza e la capacità di prendere decisioni coraggiose anche in condizioni di incertezza. È, inoltre, una pratica profondamente umana, in quanto riflette il desiderio intrinseco di dare un ordine al caos, di costruire strutture laddove regna la complessità, e di trasformare potenzialità in realtà.

La sintesi del pensiero strategico si trova dunque nella sua duplice natura: rigorosa e creativa, razionale ed emotiva, analitica e intuitiva. Questo connubio è ciò che permette alla strategia di essere applicata con successo in ambiti così diversi come la guerra, l'impresa, la politica, la vita personale e le relazioni sociali. Eppure, al di là delle differenze di contesto, l'essenza rimane la stessa: la strategia è il mezzo attraverso cui trasformiamo la visione in azione, l'idea in risultato, il potenziale in realtà.

L'arte della strategia non risiede nella sua perfezione, ma nella sua continua evoluzione. È un processo dinamico, in cui il pensiero si affina attraverso l'esperienza, gli errori si trasformano in lezioni, e le sfide si traducono in opportunità. Al cuore di ogni strategia di successo c'è la consapevolezza che il cambiamento è inevitabile, ma che con un approccio strategico ben concepito possiamo non solo adattarci ad esso, ma persino guidarlo.

In un mondo sempre più complesso e interconnesso, il pensiero strategico non è più un'opzione, ma una necessità. Coloro che padroneggiano questa arte non solo navigano meglio le incertezze del presente, ma costruiscono con maggiore sicurezza le basi per un futuro sostenibile e significativo. La strategia, in ultima analisi, è il ponte tra ciò che siamo oggi e ciò che aspiriamo a diventare domani.

Integrare strategia e tattica per il successo duraturo

La relazione tra strategia e tattica rappresenta una delle dinamiche più fondamentali e complesse nella gestione di obiettivi a lungo termine. Sebbene spesso considerate in opposizione o come aspetti separati, la verità è che strategia e tattica sono elementi complementari, indispensabili per il successo in qualsiasi contesto. La loro integrazione non solo permette di navigare attraverso le sfide immediate, ma anche di costruire basi solide per risultati sostenibili nel tempo.

La strategia si occupa del PERCHÉ e del COSA. È la visione generale, la direzione che guida le decisioni e le azioni verso un fine ultimo. La tattica, invece, è il COME. Si manifesta nelle operazioni quotidiane, nelle scelte specifiche e nella gestione delle situazioni contingenti. Se la strategia può essere paragonata a una mappa che delinea il percorso verso una destinazione, la tattica rappresenta i passi concreti che ci portano avanti, superando gli ostacoli e adattandoci ai terreni accidentati.

L'integrazione tra i due elementi richiede un equilibrio sottile. Una strategia senza tattiche efficaci rimane un esercizio sterile di pianificazione, incapace di tradurre la visione in realtà. Allo stesso tempo, tattiche brillanti senza una strategia chiara possono risultare dispendiose, portando a progressi caotici e privi di direzione. Il successo duraturo emerge solo quando queste due dimensioni lavorano in sinergia, sostenendosi reciprocamente.

Un aspetto cruciale dell'integrazione è la necessità di mantenere coerenza tra obiettivi strategici e azioni tattiche. Questo richiede una comunicazione chiara, un coordinamento costante e la capacità di adattare le tattiche alle mutevoli circostanze senza deviare dagli obiettivi strategici. L'adattabilità è infatti un principio cardine: una strategia vincente deve essere abbastanza flessibile da accogliere le lezioni apprese sul campo tattico, integrandole per migliorare il piano complessivo.

Un altro fattore determinante è il tempo. Mentre la strategia opera su un orizzonte temporale esteso, le tattiche agiscono nel presente. Tuttavia, il presente e il futuro sono interdipendenti: azioni tattiche ben eseguite rafforzano la strategia, e una strategia ben concepita fornisce il contesto per le tattiche. Questo rapporto dinamico richiede una gestione accurata delle risorse, affinché le esigenze immediate non compromettano il potenziale di lungo termine.

L'integrazione strategico-tattica si applica a tutti gli ambiti della vita e del lavoro. In un contesto militare, la strategia definisce obiettivi come il controllo di un territorio, mentre le tattiche determinano i movimenti delle truppe e l'uso delle risorse per raggiungere quell'obiettivo. In ambito aziendale, la strategia può essere l'espansione in un nuovo mercato, mentre le tattiche comprendono campagne di marketing, negoziazioni con partner locali e sviluppo di prodotti specifici. Perfino nella vita personale, una strategia potrebbe essere il raggiungimento di un equilibrio tra carriera e benessere, mentre le tattiche includono la gestione del tempo e l'adozione di abitudini salutari.

Infine, il successo duraturo deriva dalla capacità di evolvere. Le strategie non sono statiche; devono essere riesaminate alla luce delle nuove informazioni e dei cambiamenti nell'ambiente esterno. Le tattiche, dal canto loro, devono essere valutate in base alla loro efficacia nel servire gli obiettivi strategici. L'integrazione di strategia e tattica è quindi un processo continuo, che richiede riflessione, adattamento e innovazione costante.

In un mondo in rapido cambiamento, padroneggiare questa integrazione non è solo una competenza desiderabile, ma una necessità per chiunque aspiri a raggiungere obiettivi ambiziosi e a mantenere un successo che perdura nel tempo. La capacità di pensare strategicamente e agire tatticamente non solo consente di superare le sfide immediate, ma costruisce anche un futuro in cui le aspirazioni si trasformano in realtà tangibili.

La strategia come percorso continuo verso l'eccellenza

La strategia non è un punto di arrivo, ma un processo dinamico, un viaggio che si rinnova continuamente nel perseguimento dell'eccellenza. È uno strumento che permette di orientare le azioni e le risorse verso obiettivi significativi, mantenendo al contempo la capacità di adattarsi ai cambiamenti dell'ambiente circostante. In questo senso, la strategia si configura non come un insieme rigido di regole, ma come un approccio fluido e flessibile, capace di evolversi con il tempo.

L'eccellenza, intesa non solo come raggiungimento della perfezione ma anche come tensione costante verso il miglioramento, richiede un impegno prolungato e disciplinato. La strategia è il mezzo attraverso cui questo impegno si concretizza, fornendo una visione chiara e un quadro operativo per affrontare le sfide, gestire le risorse e cogliere le opportunità. Tuttavia, ciò che distingue una strategia efficace da una mediocre è la capacità di integrare riflessione critica, azione tempestiva e apprendimento continuo.

Un elemento fondamentale della strategia come percorso verso l'eccellenza è l'importanza del feedback. Ogni azione, ogni decisione, ogni risultato fornisce informazioni preziose che devono essere analizzate e incorporate nella pianificazione futura. Questo ciclo di osservazione, analisi e adattamento garantisce che la strategia rimanga rilevante e allineata agli obiettivi desiderati, anche quando le circostanze esterne cambiano. L'apprendimento non è un'appendice della strategia, ma il suo cuore pulsante, il motore che la spinge avanti.

Un altro aspetto essenziale è la capacità di bilanciare ambizione e realismo. Mentre la strategia deve puntare a obiettivi ambiziosi, essa deve anche essere ancorata alla realtà delle risorse disponibili, delle competenze presenti e delle condizioni del contesto. Questo equilibrio tra aspirazione e pragmatismo permette di costruire un percorso solido, evitando di dissipare energie in iniziative irrealizzabili o mal concepite.

La continuità della strategia non implica rigidità, bensì resilienza e innovazione. L'eccellenza non è il risultato di un'unica grande idea o di un piano perfetto, ma di una serie di piccoli passi, aggiustamenti e miglioramenti che, nel loro insieme, conducono a risultati straordinari. Una strategia vincente sa quando persistere con determinazione e quando, invece, è necessario deviare, innovare o persino abbandonare percorsi che non producono i risultati sperati.

Infine, la strategia come percorso verso l'eccellenza richiede una visione di lungo termine. Anche se i benefici immediati sono importanti, la vera misura del successo strategico si trova nella sua sostenibilità nel tempo. Questo significa costruire fondamenta solide, investire in risorse che possano crescere e svilupparsi, e prendere decisioni che siano eticamente e socialmente responsabili. La strategia non è solo un mezzo per ottenere risultati, ma un modo per creare valore duraturo.

In conclusione, la strategia come percorso continuo verso l'eccellenza è molto più di un esercizio tecnico o analitico. È un'arte e una disciplina, un equilibrio tra razionalità e intuizione, tra stabilità e cambiamento. Chiunque aspiri a raggiungere l'eccellenza deve abbracciare questa prospettiva dinamica, riconoscendo che il viaggio strategico è tanto importante quanto la meta. Solo attraverso questo approccio si può trasformare il potenziale in realtà e il successo in una condizione permanente.

www.ingramcontent.com/pod-product-compliance
Lightning Source LLC
Chambersburg PA
CBHW071042250726